Alma Anne Hansen

Kopenhagen entdecken

Inhaltsverzeichnis

ÜBERSICHTSKARTE
Einen Überblick über Kopenhagen kannst du dir mit unserer Onlinekarte oder auf Seite 9/10

STICHWORTVERZEICHNIS
Wenn es mal schnell gehen muss, findest du unser Stichwortverzeichnis auf Seite 154/155

Icons erklärt

Preis Website Adresse Öffnungszeiten

Touristen Hotspots

Wir haben uns vorgenommen, in diesem Reiseführer weniger die ausgetretenen Pfade zu beschreiten und stattdessen die Geheimnisse Kopenhagen zu lüften, die jenseits der Touristen-Hotspots liegen. Aber seien wir ehrlich: Einige Orte sind zu atemberaubend, um sie nicht zu erwähnen. Deshalb findest du neben den versteckten Juwelen auch unverzichtbare Highlights, die die Essenz Kopenhagens einfangen und dein Reiseerlebnis bereichern werden. Diese perfekte Mischung aus Bekanntem und Unentdecktem ermöglichen es dir, eine tiefere und vollständigere Wertschätzung für die Vielfalt und Schönheit Kopenhagens zu entwickeln.

Individualität

Wir möchten dich ermutigen, über den Inhalt dieses Reiseführers hinaus Neues zu entdecken. Denn eines ist sicher: In einem Buch kann die Schönheit Kopenhagens nicht vollumfänglich wiedergegeben werden. Deswegen ist unsere Empfehlung an dich: gehe los und finde auch abseits der bekannten Routen dein eigenes Abenteuer. Entdecke Orte, die sonst kaum ein Reisender findet. Vertraue deinem Instinkt. Nur weil wir eine Café oder einen bestimmten Park vorschlagen, heißt das nicht, dass nicht direkt nebenan ein ebenso wunderbarer Ort auf dich wartet!

Die Erinnerungen zählen

Wir sind ein kleiner Verlag und auf den Druck von Amazon angewisen. Leider sind hier keine glänzenden Bilder möglich, auch kommt es immer wieder zu farblichen Mängeln. Doch sind wir mal ehrlich: ein Bild, ob glänzend oder matt, wird nicht daruber entscheiden, welche Erinnerungen wir schaffen. Also fülle die matten Bilder mit glänzenden Erinnerungen und schaffe somit dein ganz eigenes Buch. Solltest du jedoch sehr unzufriden mit em Druck des Buches sein, schreibe uns eine Mail an **kontakt@lmo-publishing.de** und wir finden gemeinsam eine Lösung.

Verlässliche Hilfe und Orientierung

Um den schnellsten Weg von Punkt A nach B zu finden, bieten wir dir eine digitale Hilfe an. Diese steht dir jederzeit kostenlos über dein Smartphone oder Tablet zur Verfügung. Damit hast du alle Sehenswürdigkeiten,Cafés und Parks stets zur Hand. Um darauf zuzugreifen, öffne einfach die Kamerafunktion deines Smartphones und **scanne den QR-Code**. Sofort erscheint ein Link auf deinem Bildschirm, über den du direkt zur Karte gelangst.

1. Online-Karte aufrufen

Du hast zwei Möglichkeiten, deine Onlinekarten aufzurufen.

Smartphone
Um deine Onlinekarte auf dem Smartphone aufzurufen, öffne einfach die Kamerafunktion deines Telefons und scanne den QR-Code. Es öffnet sich dann ein Link, den du ohne die Angabe persönlicher Daten öffnen kannst. Die Karte ist kostenlos und jederzeit abrufbar.

Computer
Möchtest du deinen Urlaub planen und dabei unsere Onlinekarten nutzen? Dafür eignet sich der Computer hervorragend. Auf dem größeren Bildschirm hast du die Onlinekarten angenehm vor dir und kannst in Ruhe durchstöbern, was dich erwartet. Gib einfach die folgende Adresse in den Browser ein, um Zugriff auf die Karte zu erhalten:
https://bit.ly/3D8EVjl

In Verbindung mit einem IPhone zeigten sich in der Vergangenheit immer wieder Probleme beim Öffnen der Onlinekarte. Dies lässt sich am einfachsten folgendermaßen beheben: Melde dich vor dem Öffnen der Karten in einem Googlekonto an. Anschließend lässt sich deine Karte von Kopenhagen auch mit einem Applegerät öffnen.

Deine Karten öffnen sich nicht oder du hast einen Fehler entdeckt? Kontaktiere uns unter **kontakt@lmo-publishing.de**

2. Karte anpassen

Um deine Onlinekarte auf deinem Telefon anzupassen, tippe einfach unten auf den Namen der Karte. Dadurch öffnet sich ein Fenster, in dem alle verzeichneten Orte aufgelistet sind. Hier kannst du auswählen, welche Orte dir angezeigt werden sollen. Falls die Karte überladen wirkt, ist das kein Problem. Du kannst für dich **unnötige Elemente ausblenden**.

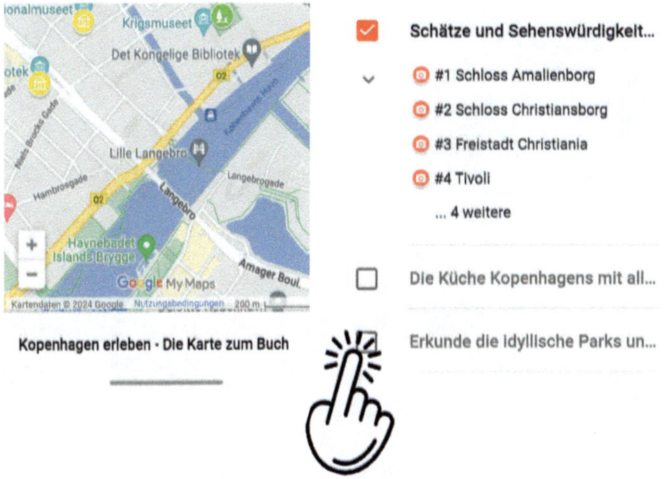

3. Navigieren und Buchen

Wenn du auf ein Symbol oder einen Ort in der Liste tippst, öffnet sich ein Fenster. Dort hast du die Möglichkeit, direkt die Navigation über Google Maps zu starten oder einen Link zur Website zu klicken, um **Buchungen durchzuführen oder weitere Informationen zu erhalten.**

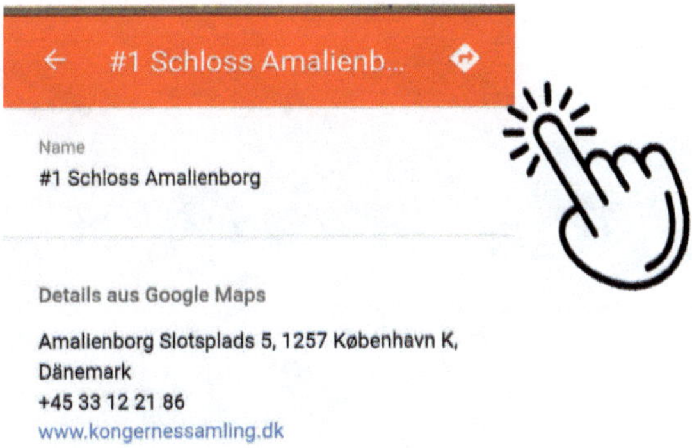

23
8
17
Østerbrogade
O2
5
Oslo Pl.
34
C93
Øster Søgade
Øster Voldgade
Grønningen
10
24
25
27
O2
14
16
1
9
10
Nørre Voldgade
9
11
7
9
O2
39
20
12
11
33
10
11
11
30
10
9
9
41
37
12
O2
2
Børsgade
13
9
4
26
6
3
10
28
10
Torvegade
Vermlandsgade
Amager Boul.
32
O2
Amagerfælledvej
Artillerivej

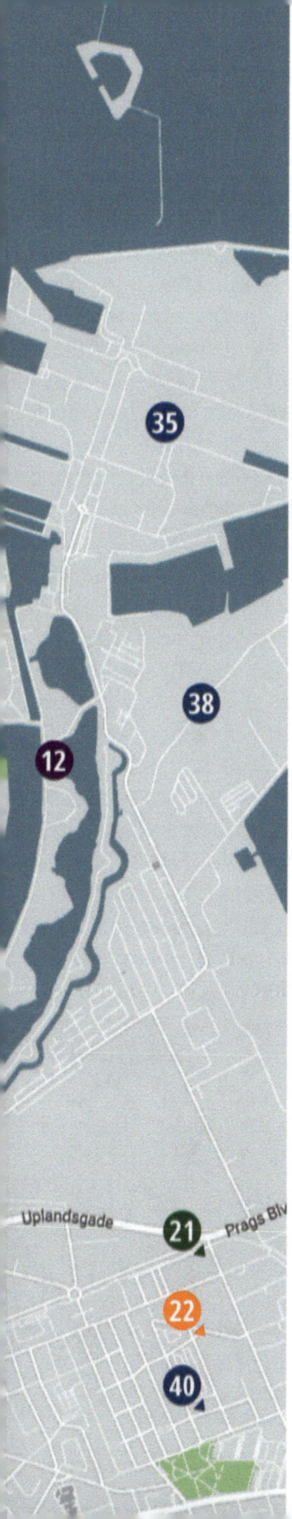

Alle in diesem Reiseführer erwähnten Orte sind auf unserer Onlinekarte von Google Maps zu finden. So hast du die Möglichkeit, jederzeit zu prüfen, ob ein interessanter Ort oder ein Highlight ganz in deiner Nähe ist.

Du kannst die Online-Karte auch offline nutzen. Hast du gerade kein Internet, ist dies somit kein Problem. Um unsere Karte auch offline jederzeit parat zu haben, benötigst du ein Google Konto. Anschließend kannst du deine Karte auch in der App öffnen. Wähle nun „Offlinekarten" und lade „Kopenhagen" einfach herunter.

Hinweis: Wir sind ein kleiner Verlag und auf den Druck durch Amazon angewiesen.

Hier kann es manchmal leider zu farblichen Mängeln kommen und einem unleserlichem QR Code. Wenn du ein mangelhaftes Exemplar erhalten hast, dein QR Code nicht zu lesen ist oder du Schwierigkeiten hast, deine Karte herunterzuladen, schreibe und gern eine Mail an:

kontakt@lmo-publishing.de

Kurz und Knapp

Geschichte Kopenhagens

Die Geschichte von Kopenhagen beginnt vor über 1.000 Jahren, als die heutige Hauptstadt Dänemarks ein unbedeutendes Fischerdorf war. Das eigentliche Gründungsjahr ist 1167, als auf Anordnung des Bischofs Absalon von Roskilde eine Festung zum Schutz der Hafensiedlung vor Piratenangriffen errichtet wurde.

Im Schutz der Burg entwickelte sich der Hafenort zum wichtigen Handelsplatz, der infolgedessen den Namen „Kobmandehavn" (Deutsch: Kaufmannshafen) erhielt. Aus dieser Bezeichnung entwickelte sich der heutige Städtename Kopenhagen. Im Jahr 1254 erhält der Fischerort offiziell das Stadtrecht. Hohe Einnahmen aus dem Fischfang machen Kopenhagen zur wohlhabenden Residenzstadt. Unter König Erik VII. wird sie 1416 die wichtigste Stadt und 1443 die Hauptstadt des dänischen Königreichs. Zwei verheerende Großbrände verwüsten 1728 und 1795 einen Großteil der Stadtgebäude. Seit Abschaffung der Monarchie 1848 und Einführung eines demokratischen Grundgesetzes am 5. Juni 1849 ist Kopenhagen die Hauptstadt der Republik Dänemark. 1913 wird das Wahrzeichen der Stadt, die berühmte Bronzestatue der Kleinen Meerjungfrau an der Hafenpromenade aufgestellt.

Im Jahr 1918 erklärt das dänische Parlament (Folketing) das ehemalige Königsschloss Christiansborg zum Regierungssitz. Künstler und Hippies, die einen alternativen Lebensstil ohne staatlichen Einfluss realisieren wollen, gründen mitten in Kopenhagen in den 1970-er Jahren die Freistadt Christiania. 1973 tritt Dänemark als Mitgliedsstaat der Europäischen Union bei. Im modernen Kopenhagen leben circa 602.481 Menschen (Stand: 2017)

Christiania
Stavanger
Wiborg
DANNEMARCK
Embden
Groningue
Amsterdam
Hambourg
Bremen
Hanover
Munster
Brunswich

Wie bitte?

Sprache und Wortschatz

In Kopenhagen sprechen die meisten Einwohner fließend Englisch, was die Verständigung für Touristen äußerst einfach macht.

Dänisch ist die offizielle Sprache, aber aufgrund des hohen Bildungsniveaus und der starken Präsenz englischsprachiger Medien kannst du dich in der Stadt problemlos auf Englisch unterhalten. Hinweisschilder, Menüs in Restaurants und sogar Informationsbroschüren sind häufig auf Englisch verfügbar, was die Orientierung erleichtert.

Die besten Basics

Hallo	Hej (hei)
Tschüss	Farvel (fah-well)
Bitte	Venligst (ven-lee-st)
Danke	Tak (tahk)
Ja	Ja (ya)
Nein	Nej (nay)
Entschuldigung	Undskyld (oon-schuld)
Hilfe	Hjælp (yelp)
Guten Morgen	God morgen (goh mor-gen)
Gute Nacht	God nat (goh nat)
Wie geht es Ihnen?	Hvordan går det? (vohr-dan gore deh?)
Ich verstehe nicht	Jeg forstår ikke (yay for-store eek-eh)
Können Sie mir helfen?	Kan du hjælpe mig?(kan doo yel-peh may?)
Wo ist...?	Hvor er...? (vor air?)
Ich heiße...	Jeg hedder... (yay heh-der...
Sprechen Sie Englisch?	Taler du engelsk? (tah-ler doo eng-elsk?)

Für deinen Städtetrip durch Kopenhagen

Karte	Kort (kort)
Museum	Museum (moo-see-um)
Bahnhof	Banegård (bah-nuh-goar)
Bus	Bus (boos)
Restaurant	Restaurant (res-tau-rant)
Toilette	Toilet (toi-let)
Eintrittskarte	Indgangsbillet (in-gangs-bi-let)
Öffnungszeiten	Åbningstider (or-bnins-tee-der)
Touristeninformation	Turistinformation (too-rist-in-for-ma-ti-on)
Stadtführung	Byrundtur (bee-roon-toor)
Flughafen	Lufthavn (loof-hown)
Fahrkarte	Billet (bi-let)
Ausgang	Udgang (ooth-gong)
Eintritt	Indgang (in-gong)
Hotel	Hotel (ho-tel)
Park	Park (park)
Apotheke	Apotek (ah-po-tek)

Beliebt: Smørrebrød (dünn geschnittene Brotscheiben), die mit Schinken, Salami, der dänischen Leberpastete „Leverpostej“ und gekochten Eiern belegt werden.

Dänische Küche

Frühstück bis Abendessen

Die dänische Küche ist herzhaft und bodenständig. Da fast jede Region an der Küste liegt, haben Fisch und Meeresfrüchte eine besondere Bedeutung in der Kochtradition. In Kopenhagen findest du einfache Imbissbuden, urige Lokale, vornehme Restaurants und exquisite Gastronomie.

Brot und Backspezialitäten haben in Dänemark einen hohen Stellenwert. Eine typische Morgenmahlzeit besteht aus Roggen oder Vollkornbrotscheiben, die mit Käse oder Marmelade belegt werden. Beliebt sind auch Müslis und Cerealien. Dazu wird Kaffee getrunken.

Zum Mittagessen begnügt man sich in Kopenhagen mit einer kalten Speise. Fischbrötchen und Salate werden mittags gern gegessen. Als Imbiss für zwischendurch ist røde Pølser sehr beliebt. Die roten, aus Schweinefleisch bestehenden Bockwürstchen bekommst du zwischen zwei Brötchenhälften gepackt mit Gurken, Röstzwiebeln, Ketchup und Senf an vielen Imbissständen. Dazu trinkt man am liebsten ein Glas Bier.

Bekannte Kopenhagener Biermarken sind Mikkeller Bar, BRUS, Bryggeriet Apollo und Nørrebro Bryghus. Es werden vor Ort mehrstündige Bier- und Brauereitouren angeboten, die das Verkosten bekannter Biere enthalten.

Ihre Hauptmahlzeit nehmen die Dänen abends ein. Das Aftensmad (Abendessen) beinhaltet eine gehaltvolle Mahlzeit. Als Hauptgang wird Fleisch bevorzugt. Das Nationalgericht ist stegt flæsk med persillesauce (gebratener Schweinebauch mit Petersiliensoße). Dazu gibt es Rote Bete als Beilage. Populär sind auch Frikadellen oder gebratener Speck, die mit Kräutersoße und Kartoffeln serviert werden. Eine üppige Mahlzeit beschließt man in Dänemark mit einem Akvavit (Deutsch: Aquavit). Die aus Getreide oder/und Kartoffeln gebrannte Spirituose ist das Nationalgetränk und wird eisgekühlt getrunken.

Die dänische Dessertküche hat eine Vielzahl süßer Spezialitäten hervorgebracht. Das Lieblingsgebäck der Dänen heißt „Wienerbrød“. Dieses süße Blätterteiggebäck ist eine Erfindung eines Wiener Bäckers, der 1840 in Dänemark eine Bäckerei betrieb. Wienerbrød gibt es in verschiedenen Varianten.

Unsere Empfehlungen findest du auf Seite 52 - 61.

Zusammengefasst

FAQs

Internet und Mobilfunk

In Dänemark ist das Internet überall verfügbar und die Netze sind gut ausgebaut. Da in den EU-Ländern keine Roaming-Gebühren mehr gibt, entstehen beim Telefonieren und Surfen im Netz keine Extrakosten. Dänische Hotels, Pensionen, Ferienhäuser und Ferienwohnungen verfügen in der Regel über WLAN.

Unser Tipp: informiere dich vorab, ob das Internet in deiner Ferienunterkunft kostenfrei nutzbar ist. Bei öffentlichen WLAN-Verbindungen in Einkaufszentren, Hotel-Lobbys, Cafés und Restaurants sollten keine privaten Daten ausgetauscht werden.

Eine lokale Prepaid-SIM-Karte ist die beste Option, wenn du unterwegs bist. Die meisten kostenlosen Service-Telefonnummern in Dänemark (Beispiel: öffentliche Verkehrsmittel, Museen oder staatliche Einrichtungen) sind nur für Teilnehmer mit lokaler Telefonnummer erreichbar. Günstige Telefon-und Internet-Angebote findest du bei dänischen Anbietern wie TDC (größter Netzbetreiber), Telia, Telenor, Dansk Bredbånd, ComX Networks und Energi-Midt.

Drohne fliegen

Ferngesteuerte Quadro- oder Multikopter sorgen für spektakuläre Luftaufnahmen. In Kopenhagen eine Drohne fliegen zu lassen, ist nicht uneingeschränkt erlaubt. Gestattet ist der Drohneneinsatz nur bei Modellen, die weniger als 25 kg wiegen. Außerdem darf eine Drohne maximal in einer Höhe von 100 Metern geflogen werden.

Bezahlen in Kopenhagen

Obwohl Dänemark ein Mitgliedsland der Europäischen Union ist, hat man sich in einem Volksentscheid am 28. September 2000 gegen den Euro als Währung entschieden. Seit 1875 ist die Dänische Krone das bewährte Zahlungsmittel.

Eine Dänische Krone (DKK) besteht aus 100 Ören. Abhängig vom Wechselkurs entspricht **eine Krone 0,13 Euro** (Stand: April 2024, Quelle: https://www.umrechner-euro.de/dkk-eur). In der Umrechnung ist ein **Euro circa 7,44 DKK** wert.

Unser Tipp: Kreditkarten werden in Kopenhagen beinahe überall akzeptiert. In Supermärkten, Museen und Restaurants bezahlst du mit Karte und vermeidest aufwendiges Geldwechseln.

Öffnungszeiten

In Kopenhagen öffnen die meisten Museen und Attraktionen ihre Türen um 10:00 Uhr und schließen gegen 17:00 oder 18:00 Uhr, wobei montags einige geschlossen bleiben können. Es empfiehlt sich, vor deinem Besuch die genauen Öffnungszeiten zu überprüfen, um sicherzugehen, dass du nichts verpasst.

Preisniveau

Die Preise liegen generell höher als in Deutschland, besonders wenn es um Essen in Restaurants, öffentliche Verkehrsmittel und Unterkünfte geht. Sei also darauf vorbereitet, für den gleichen Lebensstandard ein wenig mehr auszugeben, als du es von zu Hause gewohnt bist. Dennoch gibt es viele Möglichkeiten, auch mit einem kleineren Budget Kopenhagen zu genießen, etwa durch den Besuch kostenloser Museen und Attraktionen oder das Essen an Straßenständen.

Gesundheitsversorgung und Notfallnummern

Dänemarks Gesundheitsversorgung gilt als vorbildlich. In jedem Kopenhagener Stadtteil gibt es Apotheken (Dänisch: Apotek), Ärzte und Krankenhäuser.

Bei Notfällen ist die europäische Notrufnummer für Polizei, Feuerwehr und Ambulanz 112 auch vom Handy mit deutscher Rufnummer kostenfrei wählbar. Die zentrale Notdienst-Telefonnummer 1813 erreichst du nur, wenn du dein Smartphone mit einer dänischen SIM-Karte ausgerüstet hast.

Die wichtigsten Krankenhäuser sind:

Rigshospitalet
Blegdamsvej 9 · +45 35.45.35.45
Website: https://www.rigshospitalet.dk

Amager-Hospital
Italiensvej 1 · +45 38.62.82.82
Website: https://www.amagerhospital.dk/

Frederiksberg-Hospital
Nordre Fasanvej 57· +45 38.16.38.16
Website: https://www.frederiksberghospital.dk/

Deutsche Botschaft
Portland Towers, Göteborg Plads 1, 2150 Nordhavn
Website: https://kopenhagen.diplo.de/dk-de/botschaft/-/1689220
Telefonnummer während Geschäftszeiten: +45 35.45.99.00
Notfall-Telefonnummer (24/7): +45 40.17.24.90

Wann genau?

Reisezeit und Klima

Kopenhagen ist das ganze Jahr über sehenswert. Die Hauptstadt Dänemarks ist ein tolles Reiseziel für einen abwechslungsreichen Kurzurlaub, einen Wochenendtrip oder eine Kulturreise. Die nordische Metropole zeigt sich zu jeder Jahreszeit von ihrer besten Seite. Beachte saisonale Besonderheiten, damit du von deinem Kopenhagen-Aufenthalt profitierst.

Frühling

Im Frühling gleicht die ganze Stadt einem großen Blumengarten. Überall grünt und blüht es. Die Frühlingsmonate sind die perfekte Zeit für Parkspaziergänge, Radtouren und Besuche im Botanisk Have, dem Botanischen Garten von Kopenhagen.

Hochsaison

Von Juni bis Ende August ist Hochsaison. Während dieser Monate erlebst du ein pulsierendes Stadtleben mit Nächten zum Ausgehen, vielen Festen und Festivals. Die langen Tageslichtstunden sind ideal zum Entdecken der Outdoor-Attraktionen sowie für Ausflüge zu Land und zu Wasser.

Schauer und Stürme

Schauer und Stürme läuten den Herbst ein, der in Kopenhagen meist Anfang Oktober beginnt. Herbstwetter ist wie geschaffen für Kaffeehausbesuche, zum Erkunden von Museen, Schlössern, Kirchen und anderen Kultur-Highlights.

Weihnachtsstimmung

Das winterlich verschneite Kopenhagen verströmt ein romantisches Flair. Im Stadtzentrum leuchtet abends die bunte Weihnachtsbeleuchtung und mehr als zehn Weihnachtsmärkte öffnen in der Adventszeit ihre Pforten.

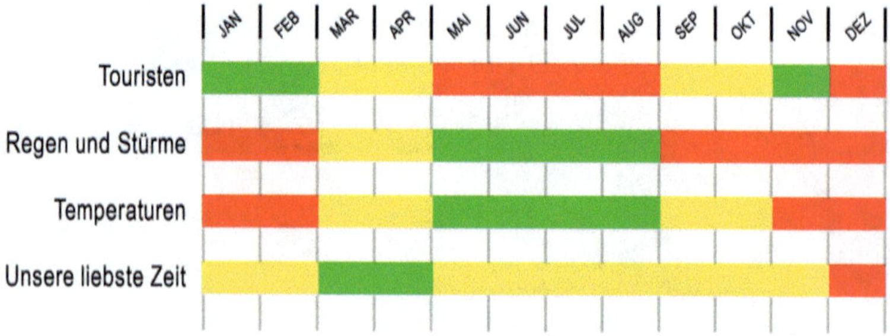

Anreise und Sightseeing

Die Anreise nach Kopenhagen erfolgt wahlweise im eigenen Auto, mit dem Fernbus, Zug oder per Flugzeug. Während Flüge die schnellste Möglichkeit sind, in die dänische Hauptstadt zu gelangen, siehst du bei einer Auto-, Bus- oder Zugreise viel vom Land. Die besten Anreisemöglichkeiten haben wir für dich aufgelistet.

Flugverbindungen

Flugverbindungen von Deutschland nach Kopenhagen bestehen täglich und von großen Flughäfen mehrmals am Tag. Dänemarks Hauptstadt wird von Liniengesellschaften wie Lufthansa, SAS Scandinavian Airlines, Austrian Airlines und SWISS angeflogen. Im Billigflugsektor bieten Ryanair, Easyjet und Norwegian regelmäßig Flüge nach Kopenhagen an.

Nützliche Recherchequelle sind Flugplattformen wie Kayak, Momondo, Swoodoo und Skyscanner.

Je nach Abflugort dauert es eine oder zwei Stunden, bis der Flug auf dem Flughafen Kopenhagen-Kastrup landet. Vom internationalen Verkehrsflughafen bestehen regelmäßige Verbindungen mit Vorortzügen, Metro und Bussen in das nur acht Kilometer entfernte Stadtzentrum. Taxen sind rund um die Uhr verfügbar, jedoch ist das Taxi die teuerste Möglichkeit, vom Airport nach Kopenhagen und in die gebuchte Unterkunft zu gelangen.

Mit dem Fernbus

Mit dem Fernbus unterwegs von Deutschland nach Kopenhagen dauert die Reise je nach Abfahrtort mehrere Stunden oder einen ganzen Tag. Manche Bus-Verbindungen werden nachts durchgeführt, sodass du im komfortablen Reisebus schläfst und eine Übernachtung in Kopenhagen sparst. Das Reisen im Bus kann jedoch vergleichsweise anstrengend sein und ist aus Zeitgründen für kurze Reisen nur beschränkt zu empfehlen. Bustickets gibt es im Internet. Website: https://www.flixbus.de/fernbus/kopenhagen-kobenhavn

Verbindungen mit der Bahn

Die Deutsche Bahn bietet von vielen deutschen Großstädten Verbindungen nach Kopenhagen an. Auf der Website findest du aktuelle Angebote und Termine. Es ist ratsam, ein Zugticket nach Dänemark möglichst frühzeitig zu reservieren. Meist sind die Preise günstiger (Frühbucherrabatt) und die Sitzplatzauswahl besser. Website: *https://www.bahn.de/angebot/urlaub/staedtereisen/kopenhagen*

Mit dem eigenen Auto

Mit dem eigenen Auto reist du unabhängig und flexibel nach Kopenhagen. Lege deine Reiseroute vorab fest und plane ausreichend Pausen ein. Von Norddeutschland aus geht es über die A7 bis zur dänischen Grenze. In Dänemark angekommen, fährst du auf der E45 bis nach Kolding. Anschließend wechselst du auf die E20. Die Europastraße 20 führt in östlicher Richtung direkt über Køge nach Kopenhagen. Die durchschnittliche Fahrzeit beträgt von Hamburg knapp fünf Stunden. Startest du im mittleren oder südlichen Deutschland, bist du entsprechend länger unterwegs.

Während der Fahrt sind zwei Brücken zu überqueren. Die Lillebæltsbro ist kostenlos, beim Fahren über die Storebælt-Brücke ist eine Maut fällig (je nach PKW-Typ oder Wohnmobil zwischen 35 und 52 Euro).

Mit dem Auto und der Fähre erreichst du Kopenhagen über Puttgarden auf der Insel Fehmarn. Die Puttgarden-Rødby Fähre verkehrt regelmäßig und ist mit einer Fahrzeit von 45 Minuten die kürzeste Überfahrt zwischen Deutschland und Dänemark. Im dänischen Rødbyhavn angekommen, hast du noch eine knapp zweistündige Autofahrt über die E47 bis nach Kopenhagen vor dir.

Kopenhagen besitzt ein gut ausgebautes Nahverkehrsnetz. Öffentliche Verkehrsmittel verkehren regelmäßig und zu günstigen Tarifen. In die Innenstadt, zum Hafen und in die Vororte gelangst du mit dem Bus, der Metro, Bussen sowie Regionalzügen und natürlich mit dem Fahrrad. Der Verkehrsverbund Din Offentlige Transport (DOT) hat ein gemeinsames Tarifsystem erarbeitet, das die Nutzung lokaler Verkehrsmittel in der Region Kopenhagen vereinfacht. Das gesamte Transportsystem ist in 9 Zonen unterteilt. Die Innenstadt zählt zu den Zonen 1 und 2, während sich der Flughafen in Zone 3 befindet.

Besonders günstig ist das Reisen in Kopenhagen und Umgebung mit der speziell für Besucher entwickelten **„Copenhagen Card“.** Für einen Pauschaltarif nutzt du innerhalb des gebuchten Zeitraums das gesamte öffentliche Verkehrssystem der Hauptstadt ohne zusätzliche Kosten. In diesem Spezialtarif inbegriffen sind zudem Fahrten vom/zum Flughafen sowie der Eintritt in zahlreiche Museen und Attraktionen. Die Copenhagen Card ist für eine Gültigkeitsdauer von 24 bis 120 Stunden erhältlich und wird vorab online erworben. Informationen über diesen Citypass findest du bei: *https://www.citypassvergleich.de/kopenhagen/copenhagen-card/* Über aktuelle Abfahrtszeiten öffentlicher Verkehrsmittel informiert die Website: /www.rejseplanen.dk.

DOT Mobilbilletter

Mit dieser App kannst du Tickets für den öffentlichen Nahverkehr direkt auf dein Smartphone kaufen, was besonders praktisch ist, um Papierkarten zu vermeiden.

BikeShare

Kopenhagen ist berühmt für seine Radfreundlichkeit. Mit dieser App findest du die nächstgelegene Station für die Ausleihe von Stadträdern und kannst die Verfügbarkeit in Echtzeit prüfen.

Eines der vielen öffentlichen Fahrradverleihsysteme ist Bycyklen, das Elektrofahrräder anbietet, die sehr einfach zu nutzen sind. Diese Fahrräder sind mit einem Tablet ausgestattet, das Navigation und sichere Zahlungsoptionen ermöglicht.

GUTE NACHT

Die besten Übernachtungsmöglichkeiten

In Kopenhagen gibt es eine riesige Auswahl an Unterkünften. Das Angebot reicht von Hostels und einfachen Pensionen über Mittelklassehotels bis zu Luxushotels der 4- und 5-Sterne-Kategorie. Außerdem findest du in jedem Stadtviertel Privatzimmer, Studios und Ferienwohnungen.

Entscheidest du dich frühzeitig für eine Unterkunft, profitierst du meist von günstigen Frühbuchertarifen. Beachte, dass Kopenhagener Hotels während der Hochsaison von Anfang Juni bis Ende August sowie bei besonderen Events wegen hoher Nachfrage oft ausgebucht sind. Eine rechtzeitige Reservierung ist in jedem Fall ratsam.

Eine Übersicht verfügbarer Unterkünfte findest du bei Hotel-Reservierungs-Plattformen wie:

www.booking.com
www.Hotels.com
www.kayak.de

Die bekannte skandinavische Hotelkette Scandic betreibt 10 Hotels im Großraum Kopenhagen. Informationen über buchbare Zimmerkategorien und Preise gibt es auf der Website **www.scandichotels.de**

Günstige Tarife für die jeweilige Reisezeit zeigt das Vergleichsportal **www.trivago.de** an. Privatzimmer und Ferienwohnungen werden beispielsweise bei **www.airbnb.de** angeboten.

€ - Steel House Copenhagen

Dieses moderne und stilvolle Hostel bietet eine preiswerte Übernachtungsmöglichkeit und richtet sich an Reisende, die Komfort und Stil zu einem erschwinglichen Preis suchen. Es verfügt über Schlafsäle sowie private Zimmer und liegt zentral in der Nähe des Kopenhagener Seen.

Herholdtsgade 6, 1605 København V
https://www.steelhousecopenhagen.com/

€€ - Ibsens Hotel

Ein charmantes Mittelklasse-Hotel im künstlerischen Viertel Nansensgade, das eine Mischung aus skandinavischem Design und gemütlichem Komfort bietet. Das Ibsens Hotel ist ideal für Gäste, die eine persönlichere, boutiqueartige Erfahrung suchen.

Vendersgade 23, 1363 København
https://arthurhotels.dk/ibsens-hotel/

€ - Urban House Copenhagen by MEININGER

Dieses Hostel bietet eine sehr günstige Übernachtungsmöglichkeit im Herzen von Kopenhagen, ideal für Rucksackreisende und junge Reisende, die eine lebendige, soziale Atmosphäre suchen.

Colbjørnsensgade 5, 11, 1652 København

https://www.meininger-hotels.com/en/hotels/copenhagen

€€ - Absalon Hotel

Ein mittelklassiges Hotel, das moderne Annehmlichkeiten und komfortable Unterkunft zu einem vernünftigen Preis bietet. Es liegt zentral und in der Nähe vieler Sehenswürdigkeiten, was es zu einer guten Wahl für Familien und Paare macht.

Helgolandsgade 15, 1653 København V

https://absalon-hotel.dk/

€€€ - Hotel d'Angleterre

Dieses Luxushotel ist eine der teuersten und prestigeträchtigsten Unterkünfte in Kopenhagen. Es befindet sich in einem historischen Gebäude mit exquisitem Dekor und erstklassigem Service, ideal für diejenigen, die Luxus im Herzen der Stadt suchen.

Kongens Nytorv 34, 1050 København

https://www.dangleterre.com/?utm_source=mybusiness&utm_medium=organic

Schon gewusst?

Wichtige Begriffe erklärt

Hygge

In Kopenhagen ist Hygge ein fester Bestandteil des Alltags und beschreibt Gemütlichkeit, Zufriedenheit und das Genießen der einfachen Dinge im Leben. Besonders in den Wintermonaten schafft Hygge eine wohltuende Atmosphäre. Diese Tradition zeigt sich in Kerzenlicht, warmen Decken und dem Beisammensein mit Freunden. Hygge fördert das Wohlbefinden und stärkt die sozialen Bindungen.

Smørrebrød

Traditionelle dänische Butterbrote, bekannt als Smørrebrød, bestehen meist aus Roggenbrot und werden reichlich belegt. Viele Restaurants und Cafés in Kopenhagen haben sich auf diese Delikatesse spezialisiert. Kunstvoll arrangierte Brote mit Hering, Roastbeef, Leberpastete und gekochten Eiern sind ein Gaumenschmaus und auch ein optisches Highlight. Diese Spezialität spiegelt die kulinarische Vielfalt der Stadt wider.

Cykel

Fahrräder, oder auf Dänisch Cykel, sind das bevorzugte Verkehrsmittel der Kopenhagener. Mit einem hervorragend ausgebauten Netz an Radwegen ist es leicht, sich schnell und umweltfreundlich fortzubewegen. Kopenhagen hat das Ziel, die fahrradfreundlichste Stadt der Welt zu sein. Für Touristen gibt es zahlreiche Möglichkeiten, Fahrräder zu mieten und die Stadt auf zwei Rädern zu erkunden.

Københavner

Einwohner Kopenhagens, bekannt als Københavner, sind für ihre Freundlichkeit und Offenheit gegenüber Besuchern bekannt. Das Leben am Wasser, Fahrradtouren und die vielfältige Kultur- und Gastronomieszene werden von echten Københavnern geschätzt. Diese Mentalität trägt maßgeblich zur einladenden Atmosphäre der Stadt bei. Die Einheimischen genießen das reiche kulturelle Angebot und die hohe Lebensqualität.

Freetown Christiania

Die alternative Wohnsiedlung Freetown Christiania ist Kopenhagens berühmteste autonome Gemeinde. Dieses Gebiet im Stadtteil Christianshavn wurde in den 1970er Jahren von Hippies besetzt und hat sich zu einer bunten Gemeinschaft entwickelt. Bekannt ist Christiania für seine unkonventionelle Lebensweise, kreative Kunstwerke und alternative Architektur. Ein Besuch hier bietet einen faszinierenden Einblick in eine ganz andere Seite Kopenhagens.

Nørrebro
Ein lebendiger und multikultureller Stadtteil von Kopenhagen ist Nørrebro, bekannt für seine kreative Szene und vielfältige Gastronomie. Hier findest du eine Mischung aus trendigen Cafés, Restaurants, Boutiquen und Kunstgalerien. Besonders bei jungen Leuten und Künstlern ist Nørrebro beliebt. Der Stadtteil ist ein Schmelztiegel verschiedener Kulturen und Lebensstile.

Øresund
Die Meerenge Øresund trennt Dänemark von Schweden und an deren Küste liegt Kopenhagen. Diese Wasserstraße ist nicht nur ein bedeutendes geografisches Merkmal, sondern auch ein wichtiger Verkehrsweg. Die beeindruckende Øresundbrücke verbindet Kopenhagen mit der schwedischen Stadt Malmö.

Bro/Broer
Brücken, oder „Broer“ auf Dänisch, spielen in Kopenhagen eine zentrale Rolle, da sie die verschiedenen Stadtteile miteinander verbinden. Besonders bekannt sind die Fahrrad- und Fußgangerbrücken, die es den Kopenhagenern und Touristen erleichtern, sich schnell und sicher durch die Stadt zu bewegen. Einige der bekanntesten Brücken sind die Inderhavnsbroen, die Nyhavn mit Christianshavn verbindet, und die Cirkelbroen, die für ihre einzigartige Architektur bekannt ist. Diese Brücken tragen wesentlich zur Mobilität und zum urbanen Lebensgefühl in Kopenhagen bei.

LEGENDE

Schätze und Sehenswürdigkeiten: Kopenhagens hautnah erleben

1. Schloss Amalienborg
2. Schloss Christiansborg
3. Freistadt Christiania
4. Tivoli
5. Die Kleine Meerjungfrau
6. Vor Frelsers Kirke
7. Rundetårn
8. Bakken-Vergnügungspark

8
O2
5
Oslo Pl.
Øster Voldgade
Grønningen
O2
1
O2
O2
2
Børsgade
3
6
Torvegade
Uplandsgade
Vermlandsgade
Amager Boul.

Die Öffnungszeiten variieren aufgrund des königlichen Terminkalenders

Slotsplads 5, 1257 Kopenhagen

https://www.kongernessamling.dk/amalienborg/

#1 Entdecke das prächtige Schloss Amalienborg

In der dänischen Hauptstadt gibt es mehrere sehenswerte Königsschlösser. Direkt am Wasser gelegen, ist Schloss Amalienborg ein prächtiges Beispiel dänischer Architektur.

Das romantisch wirkende Schloss ist heute noch die königliche Residenz. Das Stadtschloss wird vom amtierenden Herrscher König Frederik X. und dessen Familie genutzt, wenn sie sich in der Hauptstadt aufhalten. Das im 17. Jahrhundert erbaute Schloss Amalienborg gilt als Meisterwerk der romantischen Rokoko-Architektur. Die gesamte Schlossanlage besteht aus vier Palästen, die in Größe und Aussehen identisch sind. Alle Schlossgebäude gruppieren sich um einen großen Platz, in dessen Miete ein großes Reiterdenkmal steht. Hält sich König Frederik X. in seinem Stadtschloss auf, findet eine Wachablösung statt. Diese läuft nach einem traditionellen Zeremoniell ab und Besucher dürfen dabei zuschauen.

Das royale Erlebnis beginnt um 12 Uhr mittags, wenn die Soldaten von ihrer Kaserne in Richtung Schloss marschieren. Das besondere Highlight sind die prächtigen Uniformen der Leibgarde, die aus blauen Hosen und einer Bärenfellmütze bestehen. Seit 1822 wird diese Kluft bei jeder Wachablösung getragen.

Die in Schloss Amalienborg aufbewahrten Kunstschätze sind Teil der Königlich Dänischen Sammlung, zu dem auch die wertvollen Gemälde und Einrichtungsobjekte der Schlösser Rosenborg und Koldinghus gehören. An Wochentagen ohne Staatsbesuche oder Empfänge sind der Galasaal sowie weitere Prunkräume für die Öffentlichkeit zugänglich. Bei einem Spaziergang entdeckst du die vier unterschiedlichen Paläste. Es sind der Palast von Christian VII, auch Moltke-Palast genannt, der Friedrich VIII.-Palast (Wohnsitz des amtierenden Königs (König Frederik X), der Palast von Christian IX. sowie der Christian VIII.-Palast. In letzterem ist das Amalienborg-Museum untergebracht. Das Schloss-Museum beherbergt eine sehr sehenswerte Ausstellung über die dänische Monarchie von ihrem Ursprung bis zum 21. Jahrhundert. Zu sehen sind außerdem kostbare Erbstücke, die der königlichen Familie gehören, wertvolle Möbelstücke und Gemälde. Das ganze Jahr über finden regelmäßig Sonderausstellungen im Amalienborg-Museum statt.

Schloss- und Herrschaftsresidenz: Schloss Amalienborg

#2 Erkunde Schloss Christiansborg

Auf den Ruinen einer mittelalterlichen Burg wurde Schloss Christianborg errichtet. Das ehemalige Königsschloss befindet sich in romantischer Lage auf der Slotsholmen-Insel. Seit mehr als 800 Jahren gilt das Schloss als Machtzentrum Dänemarks. Aktuell dient es als Sitz des dänischen Parlaments. Darüber hinaus beherbergt Schloss Christiansborg den Obersten Gerichtshof und die Büros des Premierministers.

Bei einem Rundgang entdeckst du die königlichen Empfangsräume, die große Halle mit den einzigartigen Wandteppichen sowie die königlichen Stallungen und die Schlossküche. Steige hinab in die Tiefe und erforsche die Ruinen unter dem Christiansborg-Palast. Sehenswert ist auch die märchenhafte Schlosskapelle, die 1826 errichtet wurde und heute noch für royale Taufen, Hochzeiten und königliche Jubiläen genutzt wird. In der Kapelle befinden sich die Grabstätten mehrerer dänischer Könige. Die prächtigen Sarkophage sind mit Wappen, Fahnen und dem berühmten silbernen Löwen von Rosenborg geschmückt.

Die Palastkapelle ähnelt von Außen einem griechischen Tempel, während im Inneren aufwendig verzierte Wände aus Stuckmarmor königlichen Luxus und Opulenz ausstrahlen. Durch einen Brand im Jahr 1992 beschädigt, ist es mit großem Aufwand gelungen, die Königskapelle so prachtvoll wie ehemals aufzubauen. Seit dem 18. Jahrhundert beherbergen die königlichen Stallungen Pferde aus edler Zucht. Die majestätische Stallanlage sowie die beiden Stallflügelgebäude sind Teile des originalen Barockschlosses Christians VI. Zu offiziellen Anlässen werden die edlen weißen Zuchtpferde vor die Kutschen gespannt, um die Königsfamilie und ihre Staatsgäste zu befördern. Bei einer Führung durch die königlichen Stallungen entdeckst du die einzigartige, mit 24-Karat-Blattgold beschichtete Golden State Coach. Älteste Kutsche ist die aus dem Jahr 1778 stammende Staatskarosse, die der Königinwitwe Juliane Marie gehörte.

Schloss Christiansborg kann im Rahmen organisierter Führungen besichtigt werden.
Prins Jørgens Gård, 1468 Kopenhagen, www.christiansborg.dk

#3 Erlebe Hippie-Feeling und Flower-Power-Lifestyle in Freetown Christiania

Die Freistadt Christiania ist eine alternative Wohnsiedlung mitten in Kopenhagen. Das Hippiestädtchen entstand in den 1970-er Jahren auf einem stillgelegten Militärgelände. Bis heute wird die Freetown Christiania, in der circa 1.000 Menschen leben, von Dänemarks Regierung weitgehend toleriert.

Die ehemaligen Hausbesetzer, die ihren Flower-Power-Lifestyle leben, haben einige Regeln entwickelt, die auch für Besucher gelten. So sind Autos innerhalb der Hippiestadt nicht erlaubt. Mit dem Fahrrad ist das Viertel leicht erreichbar. Außerdem befindet sich direkt am Ortseingang von Christiania ein großer Fahrradparkplatz neben einem Café.

Das auf Dänisch Fristaden Christiania genannte Stadtviertel ist eine der populärsten Attraktionen in Kopenhagen. Bei einem Spaziergang entdeckst du fantasievolle Streetart, zahlreiche gemütliche Cafés und Biorestaurants. Die farbenfrohe, unabhängige Gemeinde lebt nach ihren eigenen Gesetzen. Dem besonderen Lebensstil zu verdanken ist, dass der Konsum von Cannabis in der Freistadt Christiania gestattet ist. Als Zufluchtsort für Hippies, Musiker und Künstler bietet das Viertel ein inspirierendes Erlebnis. An den Wochenenden finden in vie-

len Kaffeehäusern sowie im Freien regelmäßig Musikevents statt.

In den Werkstätten von Christiania werden originelle Kunstwerke hergestellt. Handgefertigte Schmuckstücke, Magnete, T-Shirts und traditionelle Pfeifen sind beliebte Souvenirs. Im Christiana-Viertel befindet sich zudem der Insider-Treffpunkt der Kopenhagener Skater-Community. Der weltberühmte Skatepark ALIS Wonderland wurde von zwei im Hippieviertel aufgewachsenen Freunden errichtet. Seitdem wird das Gelände von renommierte Skatern aus dem In- und Ausland genutzt. Plane eine Pause in ALIS Wonderland ein, um die beeindruckende Performance der Skater mitzuerleben. Oder bringe deine Skate-Ausrüstung mit und beteilige dich selbst an der Trendsportart.

Eine weitere Vorstellung, die sich lohnt, sind die wissenschaftlichen Vorträge im Christiania-Kino. Bei einem eisgekühlten Getränk hörst du dem Redner oder der Rednerin zu. Oft entwickelt sich eine spannende Rede zum Streitgespräch zwischen dem Sprecher und dem Publikum. Das beliebte Science & Cocktail-Event findet jeden zweiten Dienstag statt.

Ebenso wie Autofahren ist schnelles Laufen im Christiana-Viertel verpönt. Die Bewohner assoziieren Rennen mit Weglaufen. Im entspannten Hippie-Lifestyle bewegt man sich ohne Eile.

#4 Spaß für Groß und Klein: Verbringe einen Tag im Tivoli-Vergnügungspark

Der Tivoli ist der berühmteste und zweitälteste Themenpark in Dänemark. Mitten in Kopenhagen gelegen, wird das riesige Gelände von mehr als 4,5 Millionen Besuchern jährlich besucht.

Der hochmoderne Vergnügungspark mit den zahlreichen Fahrgeschäften befindet sich zwischen dem Hauptbahnhof und dem Rathausplatz. Unabhängig davon, ob du allein, zu zweit oder mit Kindern nach Kopenhagen reist, ist der Tivoli ein besonderes Erlebnis.

Mit seinen bunten Blumenbeeten und Springbrunnen, Achterbahnen und Karussellen ist der Themenpark eine gelungene Mischung aus Christian Andersen Märchen und Walt-Disney-Romantik. Ein Ausflug in den Tivoli lohnt bereits wegen der exotischen Architektur und der historischen Gebäude, die sich innerhalb des großen Parkgeländes befinden.

Das Besondere am Tivoli sind die originellen Fahrgeschäfte. Sie sind so gestaltet, dass sie sich perfekt in die Landschaft integrieren. Manche Karussells sind nostalgisch, andere modern oder futuristisch. Das älteste und beliebteste Fahrgeschäft ist die aus dem Jahr 1914 stammende Holzachterbahn. Sie ist eine von insgesamt sieben Achterbahnen weltweit, bei der heute noch ein Bremser mit an Bord ist. Die neueste Errungenschaft des Tivoli-Vergnügungsparks ist ein geheimnisvolles Spukhaus. In der Villa Vendetta werden von Schauspielern gruselige Szenen dargestellt. Begib dich auf eine abenteuerliche Reise durch die 12 verschiedenen Räume und erlebe dabei Spannendes.

Die wunderschönen, großzügig angelegten Tivoli-Gärten werden gern zum Flanieren und für zwanglose Picknicks genutzt. Man bringt einfach Snacks, belegte Brote und Salate von zu Hause mit, macht es sich auf dem Rasen oder einer Parkbank gemütlich. Im Tivoli-Vergnügungspark findest du auch eine große Auswahl an Restaurants. Es gibt zudem ein französisches Bistro, ein Meeresfrüchte-Restaurant und eine Filiale der Burger-Kette Gasoline Grill.

An den Wochenenden ist mit hohem Besucherandrang zu rechnen. Am besten besuchst du den Vergnügungspark an einem Wochentag. Eintrittskarten gibt es online. Dadurch vermeidest du Wartezeiten am Eingang.

Die Preise variieren je nach Wochentag. Sowohl freitags, als auch am Wochenende, zahlst du mehr für den Eintritt.

€ Eintritt und Fahrspaß 56€ (wochentags)
Kinder von 1-7 Jahren 28€ (wochentags)
Kinder unter 1 Jahr freier Eintritt

Vesterbrogade 3, 1630 Kopenhagen

https://www.tivoli.dk/

#5 Kleine Meerjungfrau

Den lille Havfrue (Deutsch: Die kleine Meerjungfrau) ist das Wahrzeichen von Kopenhagen. Die Bronzestatue, die auf einem Felsen an der Langelinie-Promenade thront, stellt eine Mädchenfigur dar. Im Unterschied zur Abbildung auf Postkarten wirkt die kleine Meerjungfrau tatsächlich relativ klein.

Erschaffen wurde die populäre Figur aus Bronze vom naturalistischen Bildhauer Edvard Eriksen, der aus Kopenhagen stammt. Die kleine Meerjungfrau gilt als Hommage an den berühmten dänischen Schriftsteller Hans Christian Andersen und ist von dessen Märchen inspiriert. Als Modell zur Gestaltung der Mädchen-Skulptur war ursprünglich die bekannte Ballerina Ellen Price vorgesehen. Die Tänzerin war jedoch nicht bereit, sich als Aktmodell zu präsentieren. An ihrer Stelle saß die Ehefrau des Bildhauers, Eline Eriksen, Modell für die Anfertigung der kleinen Meerjungfrau.

An der Einfahrt zum Hafen von Kopenhagen positioniert, grüßt die Skulptur die einfahrenden Schiffe. Die aus Bronze und Granitstein bestehende Mädchenfigur ist aber auch als romantisches Fotomotiv sowie als Hintergrund für Instagram-Stories sehr beliebt.

Bei einer Hafenrundfahrt siehst du die kleine Meerjungfrau vom Wasser aus. Aus geringer Entfernung gelingen wunderschöne Schnappschüsse. Wähle in deinem Smartphone die maximale Bildqualität aus, damit du die Skulptur und den Hintergrund aufs Bild bekommst.

€ ab 15€ pro Person

https://www.stromma.com/en-dk/copenhagen

#6 Erklimme die Spitze der Vor Frelsers Kirke

In der Nähe der Freistadt Christiania wartet mit der Vor Frelsers Kirke (Liebfrauenkirche) ein besonderes Monument darauf, entdeckt zu werden.

Die evangelisch-lutherische Erlöserkirche zählt zu den schönsten Barockkirchen des Landes. Von der Spitze des Kirchturms hast du die beste Aussicht über Kopenhagen. Der ungewöhnliche Turm der Vor Frelsers Kirke beeindruckt durch die besondere Architektur. Von Weitem wirkt der Kirchturm wie ein mit Goldband umwickeltes Präsent. Die goldfarbige Umrandung windet sich spiralförmig nach oben. Der dänische Architekt und Generalbaumeister hat mit der Kirchturmgestaltung kreative Ideen verwirklicht.

Hinauf zur Kirchturmspitze führen circa 400 Holzstufen, die es im engen Treppenhaus zu bewältigen gilt. Die letzten Meter nach oben in den 90 Meter hohen Kirchturm legst du über eine steile Wendeltreppe zurück. Oben angekommen, genießt du den überwältigenden Blick auf die Skyline des modernen Kopenhagen. Bei guten Sichtverhältnissen siehst du sogar die Schiffe in den Seehafen einlaufen. Im Sommer ist das Wetter manchmal diesig. Orientiere dich an der Wettervorhersage, wenn du die Kirchturm-Besichtigung planst.

Die Vor Frelsers Kirke ist im Inneren ebenfalls sehr sehenswert. Das in den 1680-er Jahren errichtete Gotteshaus wurde nach 14-jähriger Bauzeit am 19. April 1696 eingeweiht. Die Bauphase gestaltete sich schwierig, denn das Gelände besteht aus aufgefülltem Meeresboden, was eine große Herausforderung für die Errichtung der Kirchenfundamente bedeutet. Der kunstvolle Kirchturm wurde erst 50 Jahre später hinzugefügt.

Für dänische Verhältnisse sind die Dimensionen der Kirche enorm. Wände und die vier Pfeiler bestehen aus Felsblöcken, die in tiefen Gräben verankert sind. Der von zwei allegorischen Figuren gesäumte Altar gilt als Meisterstück des berühmten schwedischen Architekten Nicodemus Tessin. Zu sehen sind biblische Motive, die Szenen aus dem Garten Gethsemane zeigen.

Öffnungszeiten variieren je Jahreszeit

https://www.vorfrelserskirke.dk/

Von der Spitze des Kirchturms hast du die beste Aussicht über Kopenhagen.

ARNOLDBUSCK.DK
MERE MELLEM LINJERNE
ARNOLDBUSCK.DK
STUDENTERHUSE

#7 Observatorium und Aussichtsplattform: Besuche den ikonischen Rundetårn

Mitten in der Fußgängerzone im Stadtzentrum erhebt sich der Rundetårn. Der runde Turm beherbergt das älteste funktionsfähige Observatorium Europas. Der Aufstieg zur Turmspitze ist verglichen mit der Vor Frelsers Kirke wesentlich einfacher und der Ausblick von oben ebenso schön. Über eine serpentinenförmige Rampe gelangst du zur Spitze des runden Turms.

Der 209 Meter lange Weg ist spiralförmig angelegt und in seiner Struktur in Europa einzigartig. Früher hat man über diesen Aufgang sogar astronomische Gerätschaften mit Pferdewagen transportiert. Unterwegs nach oben gelangst du zum großen Bibliothekssaal. Die erste bedeutende Universitätsbibliothek wird heutzutage vorwiegend als Ausstellungsraum sowie für Konzerte und andere Events genutzt.

Der Rundetårn und die Sternwarte wurden im 17. Jahrhundert während der Herrschaft von König Christian IV. errichtet. Heute noch wird das älteste Observatorium Europas von Hobbyastronomen genutzt.

Von April bis September ist eine Besichtigung täglich zwischen 10 und 20 Uhr möglich. Im Winterhalbjahr (Oktober bis März) kann der Rundetårn jeden Tag von 10 bis 18 Uhr besichtigt werden.

5 Euro (Stand: April 2024)

Købmagergade 52A, 1150 Kopenhagen

https://www.rundetaarn.dk/en/

Im Inneren des Rundetårn beeindruckt eine spiralförmige Rampe, die sich sieben Mal um die eigene Achse windet und Besucher ohne Treppen zum Aussichtspunkt führt, ein architektonisches Meisterwerk aus dem 17. Jahrhundert.

#8 Entdecke den ältesten Freizeitpark der Welt in Bakken

Der älteste Freizeitpark der Welt entstand im 16. Jahrhundert in Dänemark. Der nördlich von Kopenhagen im Naturpark Jægersborg Dyrehave gelegene Bakken-Vergnügungspark wurde 1583 eröffnet. Kurz zuvor entdeckte man an diesem Ort eine natürliche Quelle. Um den Stadtbewohnern der nahegelegenen Hauptstadt ein besonderes Erlebnis in landschaftlicher schöner Umgebung zu bieten, wurde dieser Freizeitpark gegründet.

Die malerisch grüne Landschaft ist ein weiterer Grund für einen Besuch in Bakken. Die teilweise 400-Jahre-alten Bäume spenden an warmen Tagen Schatten und auf dem Parkgelände ist frei laufendes Rotwild zu sehen. Mit etwas Glück begegnest du einigen der mehr als 2.000 Dammhirschen und Sikahirschen, die in Bakken ihr artgerechtes Zuhause gefunden haben. Unser Tipp: in den Sommermonaten lohnt sich ein Abstecher zum nahegelegenen Bellevue-Beach. Der 700 Meter lange malerische Strand besteht aus weichem, weißen Sand. Vom Bellevue-Strand aus hast du eine traumhafte Aussicht über die Ostsee bis zur schwedischen Küste.

Der Bakken-Freizeitpark sorgt mit großen und kleinen Karussells, Achterbahnen, Falltürmen und Riesenräder für Abwechslung und Unterhaltung. Insgesamt 33 Fahrgeschäfte stehen bereit, um sich einen ganz Tag lang zu amüsieren und Neues auszuprobieren. Als beliebteste Attraktion gilt die historische Holzachterbahn, die 1932 erstmals ihren Betrieb aufnahm. Die vollständige aus Holz gebaute Bahn fährt über eine 852 Meter lange Strecke. Während der rund 2 Minuten und 30 Sekunden dauernden Abenteuerfahrt rauscht sausen die Wagen vom höchsten Punkt in 22 Meter Höhe mit 75 km/h in die Tiefe. Seit kurzem ist eine moderne Achterbahn die neueste Sensation im Freizeitpark. Beim Fahren in der passenderweise „Tornado“ genannten Bahn bekommt man das Gefühl, durch einen Orkan zu reisen. Während der Fahrt dreht sich der Wagen um die eigene Achse und verstärkt dadurch das Abenteuer-Feeling.

Zum Unterhaltungsangebot des Bakken-Vergnügungsparks gehören außerdem zahlreiche Spielhallen sowie Spiel- und Schießbahnen. Die Spielauswahl richtet sich an Erwachsene und Kinder, sodass der älteste Freizeitpark der Welt ein perfektes Ausflugsziel für die ganze Familie ist.

Auf dem riesigen Parkgelände befinden sich mehr als 50 gastronomische Einrichtungen. Imbissbuden, Cafés und Restaurants bieten vom leicht Snack bis zum üppigen Menü eine Vielzahl an Verköstigungsmöglichkeiten.

Für das Betreten des Bakken-Freizeitparks wird kein Eintritt erhoben. Nutzt du das Parkgelände nur für Spaziergänge oder Wanderungen, kannst du dich unabhängig überallhin begeben. Um Fahrgeschäfte oder Spiele zu nutzen, benötigst du ein Ticket. Es werden mehrere Optionen angeboten. Es gibt ein Armband, das für alle Fahrgeschäfte gilt und maximal 10 Fahrten pro Attraktionen ermöglicht. Des Weiteren ist eine Fun Card (dänisch: Humørkort) erhältlich. Diese enthält 44 digitale Coupons, die Zahlungsmittel für die Nutzung aller Fahrgeschäfte plus Spiele im Bakken-Freizeitpark verwendet werden. Die Fun Cards und Armbänder bekommst du an den Verkaufs- und Informationsschaltern am Eingang des Unterhaltungsparks.

Der Freizeitpark ist während der Saison von April bis Oktober täglich von 14.00 bis 21.00 Uhr (am Wochenende 11.00- 21.00 Uhr) geöffnet

Dyrehavsbakken 207, 2930 Klampenborg bei Kopenhagen

https://www.bakken.dk/english/

LEGENDE

Die Küche Kopenhagens mit allen Sinnen genießen

- 9 Torvehallerne
- 9 Broens Gadekøkken-Markt
- 9 Tivoli-Lebensmittelhalle
- 9 Ø12
- 9 Mirabelle
- 9 Café Victor
- 10 Aamanns Deli
- 10 John's Hotdog Deli
- 10 Gasoline Grill
- 11 Coffee Collective
- 11 La Glace
- 11 The American Pie Company
- 12 Noma
- 12 Marv & Ben
- 12 Det Lille Apotek

O2
Oslo Pl.
ster Voldgade
Grønningen
O2
10
9
O2
10
9
12
O2
ørsgade
Torvegade
Uplandsgade
Vermlandsgade
Pra
er Boul.
fælledvej

#9 Genieße ein dänischesFrühstück in einem angesagten Café

Kopenhagen gilt als heimliche Feinschmecker-Hauptstadt im nördlichen Europa. Im Stadtzentrum, am Hafen und in den Vororten gibt es eine Vielzahl gemütlicher Cafés und Restaurants. Obwohl das Preisniveau fürs Essen und Trinken in Dänemark deutlich höher ist als in Deutschland, findest du in Kopenhagen viele günstige Optionen, um lecker zu frühstücken, Mittag- oder Abendessen.

Die Wochenmärkte von Kopenhagen sind eine tolle und vor allem preiswerte Frühstücksadresse. Auch für deine Mittagspause während einer Stadtbesichtigung oder einen Snack zwischendurch bieten sich die Märkte und Markthallen an. Der beliebteste **Kopenhagener Streetfoodmarkt ist Torvehallerne**. In der trendigen Markthalle wird von frischem Obst und Gemüse bis zu dänischen Spezialitäten wirklich alles angeboten. Zentral gelegen, ist der **Broens Gadekøkken-Markt** der ideale Platz, um im Stadtteil Christianshavn zu frühstücken. Für seine Essensstände mit großer Auswahl schmackhafter Speisen ist die **Tivoli-Lebensmittelhalle**, die sich beim Tivoli-Freizeitpark befindet, bekannt. Am Kulturhafen Kronborg befindet sich ein beliebter Speisemarkt direkt an der Werft. Hier frühstückst du an einem der Imbissstände mit Blick auf den Hafen und Schloss Kronborg im Hintergrund. Die Kopenhagener Markthallen und ihre Streetfoodstände sind ein idealer Treffpunkt zum Essen mit Familie und Freunden. An langen Tischen sitzt du gemeinsam mit anderen Marktbesucherinnen und Besuchern. Dabei ergeben sich Gelegenheiten zum Plaudern mit freundlichen, aufgeschlossenen Dänen. Das enorme Speiseangebot der Imbissstände reicht von belegten Brötchen, Pfannkuchen und Süßspeisen bis zu knusprigen Pizzen und Hotdogs.

Die Imbissstände in den Markthallen bieten frisch zubereitetes, leckeres Streetfood an. Gleichzeitig genießt du das bunte Markttreiben.

Das traditionelle dänische Kaffeehaus ist eine weitere Option für ein ausgiebiges Frühstück oder einen kleinen Snack. In Kopenhagen findest du in jedem Stadtteil zahlreiche Cafés. Meistens sind sie bereits frühmorgens ab 7 oder 8 Uhr geöffnet. Die bei Einheimischen und Besuchern beliebten Top-3-Kaf-

feehäuser in Kopenhagen sind die Ø12 Coffee & Eatery, die Bäckerei Mirabelle und das Café Victor.

Das **Ø12 Coffee & Eatery** befindet sich im Stadtzentrum, in der Nähe von Schloss Rosenborg. Es bietet Frühstück, Brunch und Mittagessen und ist für seinen aromatischen Kaffee berühmt. Das Speiseangebot reicht vom Chiapudding bis zum herzhaften Frühstück mit Wurst und Käse. Besondere Spezialitäten des Ø12 sind der knusprige Süßkartoffel-„Bubble and Squeak"-Kuchen sowie leckere Pfannkuchen mit Beeren und Ahornsirup. *Adresse: Øster Farimagsgade 12b - 2100 Kopenhagen, Website: https://www.12cph.dk/*

Die im Stadtteil Nørrebro gelegene **Bäckerei Mirabelle** ist in ganz Kopenhagen für das ausgezeichnete Sauerteigbrot, das täglich frisch gebacken wird, bekannt. Für diese Brot-Spezialität wird feines Biomehl aus Dänemark verwendet. Auch die anderen Backwaren der Mirabelle-Bäckerei, wie Brötchen, Croissants, Roggenbrote sowie die süßen Kuchen sind aus ökologischen Zutaten. Zum Imbiss aus Bio-Sauerteigbrot, Käse, Wurst oder Marmelade wird frisch gebrühter Kaffee aus fairem Handel serviert. *Gefrühstückt wird im Mirabelle täglich zwischen 8.30 und 11.30 Uhr (an Wochenenden bis 13 Uhr), Adresse: Guldbergsgade 29, 2200 Kopenhagen-Nørrebro, Website: www.mirabelle-bakery.dk*

Französische Frühstückstraditionen und dänischer Lifestyle verbinden sich im **Café Victor** zum genussvollen Ambiente. Die französisch-italienische Brasserie ist eine wahre Institution in Kopenhagen, wenn es um leckeres Frühstück geht. Ihre Beliebtheit als In-Café verdankt das Victor der vielseitigen Speisekarte. Das Speiseangebot enthält vom Croissant bis zum mit Hering belegten Brötchen, Hummer und Käse-Sandwich alles, was das Herz begehrt. Im Café Victor frühstückst du in Gesellschaft bekannter dänischer Schriftsteller und Schauspieler. Bei schönem Wetter werden die Mahlzeiten auch auf der Terrasse serviert. Das ganztags geöffnete Café Victor verwandelt sich abends in einen Szene-Treffpunkt. An den Wochenenden legen dort bekannte DJs auf. *Adresse: Ny Østergade 8, 1101 Kopenhagen-Innenstadt*
Website: www.cafevictor.dk

#10 Mache eine Mittagspause bei einem typischen Kopenhagener Lunch

Das Mittagessen ist für die meist berufstätigen Dänen eher ein Snack als eine Hauptmahlzeit. Die vielseitige Kopenhagener Gastronomie hat sich diesen Gewohnheiten angepasst. Überall in der dänischen Hauptstadt findest du hyggelige (gemütliche) Lokale und Restaurants für deine Mittagspause.

€ Ein Hauptgericht bekommst du schon für 100 DKK (circa 13 Euro). In Restaurants mit gehobener Küche solltest du mit durchschnittlich 200 DKK (rund 26 Euro) für eine Mittagsmahlzeit rechnen.

Preiswerter und ebenso lecker sind die Snacks, die im Deli oder im angeboten werden. Drei Top-Locations für die Mittagspause in Kopenhagen stellen wir dir hier vor. Für leckeres Essen bekannt sind Aamanns Deli, Johns Hotdog Deli sowie die Fastfood-Kette Gasoline Grill. Im **Aamanns Deli** gibt es leckere belegte Roggenbrote. Das Smørrebrød ist eine Spezialität der dänischen Küche. Grundlage dieses Snacks ist eine Scheibe Roggenbrot, die mit allem Möglichem belegt wird. Eine populäre Smørrebrød-Variante ist Kartoffelmad, das aus einer Roggenbrotscheibe, Kartoffeln, gerösteten Zwiebelstücken, Radieschen, Tomaten und Kresse besteht. Außerdem lieben Dänen Stjerneskud. Bei diesem Smörrebröd-Klassiker wird eine Scheibe Roggenbrot mit paniertem Schollenfilet, Garnelen und Spargel belegt, mit Mayonnaise und Zitronensaft abgeschmeckt. Seit 1921 ist Amanns Deli eine beliebte Location für die Mittagspause. Für eilige Gäste gibt es die leckeren Smørrebrød-Snacks auch zum Mitnehmen.
Adresse: Øster Farimagsgade 10, 2100 Kopenhagen, Website: https://aamanns.dk/en/restaurant/oesterbro/

Dänisches Fastfood in hoher Qualität bietet **Johns Hotdog** Deli. Der mobile Imbissstand hat sich auf den Hotdog spezialisiert. Mittags eine zwischen zwei Brötchenhälften zusammengepresste Wurst zu genießen, ist eine dänische Tradition. Bei Johns Hotdog Deli bekommst du Qualitätswürstchen aus lokaler Herstellung im nachhaltigen Weizensauerteigbrot und mit hausgemachten Dips. *Der Imbiss in Vesterbro ist täglich zwischen 11.00 und 20.00 Uhr geöffnet., Adresse: Bernstorffsgade 18, 1570 Kopenhagen, Website: https://www.facebook.com/johnshotdogdeli?mibextid=LQQJ4d*

Die Kopenhagener Hamburgerkette **Gasoline Grill** bietet günstige und leckere Mahlzeiten an. Eigenen Angaben zufolge sollen die Hamburger aus Bio-Fleisch bestehen. Für rund 85 DKK (Etwa 12 Euro, Stand: Mai 2024) bekommst du ein vollständiges Essen. In den verschiedenen Niederlassungen des Gasoline Grill wählst du zwischen fünf Optionen aus. Im Angebot sind Original-Burger, Cheeseburger, Butterburger sowie Green Burger (vegetarisch). Außerdem gibt es ein Hot Chicken Sandwich. Der Gasoline Grill öffnet täglich um 11.00 Uhr und ist so lange geöffnet, bis der letzte Hamburger gegen 20.00 Uhr verkauft ist.
Adresse: mehrere Standorte. In der Innenstadt gelegen sind die Lokale *Landgreven 10 - 1301 Kopenhagen und Niels Hemmingsens Gade 20, 1153 Kopenhagen, Website: https://www.gasolinegrill.com/*

11 Entspanne bei einer Kaffeepause in der Hauptstadt Dänemarks

Dänen genießen gerne eine heiße Tasse Kaffee in einem Café. In Kopenhagen gibt es dafür unendlich viele Gelegenheiten, denn die Anzahl an Cafés und Kaffeehäuser ist schier unüberschaubar. Da der dänische Kaffee eher stark ist, wird meistens ein Glas Wasser dazu gereicht.

Zum Nachmittagskaffee gönnt man sich in Dänemark eine leckere Süßspeise, ein Stück Kuchen oder Torte. Kaffee- und Kuchenspezialitäten findest du beispielsweise an diesen von uns ausgewählten 3-Top-Adressen für gemütliches Kaffeetrinken

The **Coffee Collective** ist eine nachhaltige Rösterei, die Kaffeesorten aus ökologischer Herkunft anbietet. Seit 17 Jahren in Kopenhagen ansässig, hat sich die Kaffeehauskette mit ihrem Spezialitätenkaffee einen Namen gemacht. In Kopenhagen verfügt die The Coffee Collective mittlerweile über 8 Coffee Shops. Das Kaffee-Angebot reicht von leichteren Röstungen bis zu säurehaltigen Kaffeesorten. Die Gründer des Kaffeehaus-Kollektivs, Klaus Thomsen, Casper Engel Rasmussen und Peter Dupont haben bei der Weltmeisterschaft der Kaffeeverkoster und der Barista-Weltmeisterschaft zahlreiche Auszeichnungen erhalten. **Zentral gelegene Standorte sind** *Vendersgade 6D - 1363 Kopenhagen und Kristen Bernikows Gade 2 - 1105 Kopenhagen*
https://coffeecollective.dk/

Als älteste Konditorei in Kopenhagen genießt die **Conditori La Glace** ein besonderes Ansehen. Seit dem 8. Oktober 1870 ist das in der Altstadt gelegene Traditionscafé bei Einheimischen und Besuchern der Stadt gleichermaßen beliebt. Seit 6 Generationen familiengeführt, bietet die Conditori La Glace Kaffeespezialitäten und echte Tortenkunst in elegantem Ambiente. Beeindruckend ist die riesige Auswahl an Torten. Täglich gibt es zudem eine Tagesauswahl an Schichttorten. Berühmt ist die Conditori La Glace vor allem für ihre Princess Thyra-Torte und ihre fantasievollen Eisbecher. Kuchen, Torten und Kekse, Pralinen und Eis werden zum großen Teil nach überlieferten Originalrezepten hergestellt. Der Gästebereich der Konditorei ist in vier Räume aufgeteilt. Diese Gästezimmer sind Originalmöbeln aus den 1890-er Jahren bestückt. Im Kopenhagener Traditionscafé entspannst du in gemütlichen Räumlichkeiten bei einem köstlichen Stück Torte.
Öffnungszeiten sind täglich zwischen 8.30 und 18.00 (sonntags erst ab 10.00 Uhr)
Skoubogade 3, 1158 Kopenhagen
https://laglace.dk/en/

Das einzige Kopenhagener Café, das authentische amerikanische Süßspeisen anbietet, ist die **American Pie Company**. Im gemütlichen Kaffeehaus im Zentrum der Hauptstadt werden dänische Kaffeespezialitäten und eine Vielzahl süßer Speisen serviert. Auf der Tageskarte stehen leckere Kuchen, wie der Butterkuchen mit einer saftigen Erdbeer-Rhabarber-Füllung, eine Spezialität dieses gemütlichen Kopenhagener Cafés. Regelmäßig finden Kochklassen, Workshops und andere Events Die dänische Hauptstadt ist eine international geprägte Metropole.

#12 Dinnertime in Kopenhagen

In der Gastronomie hat man sich auf die Wünsche einer Klientel aus aller Welt eingestellt. Ob dänische oder asiatische, südamerikanische oder exotische Küche- in Kopenhagen findest du Restaurants, die deinen Vorstellungen entsprechen. Das Abendessen in ist der modernen dänischen Gesellschaft die Hauptmahlzeit. Nach einem arbeitsreichen Tag nimmt man sich gerne viel Zeit für ein köstliches Essen. Als Top-3 der besten Restaurants in Kopenhagen gelten unserer Meinung nach die folgende gastronomische Genusstempel.

Nordische 3-Sterne-Küche wird im **Noma** serviert. Das in der Freistadt Christiania ansässige Spitzenrestaurant war mindestens fünfmal in der Liste „The World's 50 Best Restaurants" zu finden. Mit drei Michelin-Sternen ausgezeichnet, bietet das Noma edle nordische Küche auf hohem Niveau. Gemüse und Kräuter für die Menüs stammen aus eigenen Gewächshäusern, die speziell für den Anbau ökologischer Zutaten errichtet wurden. Das Prinzip des Noma besteht darin, nur Produkte zu verarbeiten, die lokal und nachhaltig sind. Spezialitäten des Hauses sind Hummer, warmer Beerensalat mit Holundersoße sowie Kabeljau-Popsickle mit Crème fraiche und Kaviar: Die Speisekarte ist vielseitig und wechselt häufig, da vom Küchenchef regelmäßig neue Menüs kreiert werden. Für einen gemütlichen Dinnerabend im besten Restaurant von Kopenhagen ist eine Tischreservierung notwendig. Unser Tipp: obwohl das Preisniveau überdurchschnittlich hoch ist, ist das Abendessen im Noma ein besonderes Erlebnis. An manchen Terminen ist das Restaurant ausgebucht. Es gibt aber die Möglichkeit, sich in einer Warteliste einzutragen und somit doch noch einen der begehrten Tische zu bekommen.
Refshalevej 96, 1432 Kopenhagen
https://noma.dk/

Typisch dänisch speist man im Restaurant **Marv & Ben**. Die jungen Restaurantgründer haben sich auf Gerichte aus lokalen Zutaten spezialisiert. Zum Essen werden Bioweine angeboten. Der Gästebereich in diesem kleinen Lokal verteilt sich auf zwei Etagen. Das Speiseangebot ist vergleichsweise klein. Auf der Speisekarte stehen jeden Abend sechs Gerichte. Alles wird frisch zubereitet. Die Mahlzeiten können einzeln bestellt, als 4- oder 6-Gang-Menü kombiniert werden. Der Fisch für die Fischgerichte wird im Meer vor Kopenhagen gefangen. Fleischwaren stammen in der Regel von lokalen Erzeugern. Es gibt auch vegetarische Speisen auf der Karte. Aufgrund der

Beliebtheit dieses typisch dänischen Restaurants ist eine Reservierung erforderlich. *Snaregade 4, 1205 Kopenhagen, https://www.marvogben.dk/menu*

Das älteste Restaurant in Kopenhagen serviert traditionelle herzhafte Gerichte. Im Mittelpunkt steht die dänische Küche. Gegessen wird in vier gemütlich eingerichteten Speiseräumen. **Det Lille Apotek** wirbt damit, dass es früher das bevorzugte Restaurant des dänischen Dichter Hans Christian Andersen gewesen ist. Heute noch wird das für leckeres Essen bekannte Traditionsrestaurant gern von dänischen Schriftstellern, Künstlern und anderen Prominenten besucht. Ein Abendessen in Det Lille Apotek ist ein kulinarisches Erlebnis. Das Speiseangebot hat sich seit dem 19. Jahrhundert kaum verändert. Die Lieblingsmahlzeit des berühmten Märchendichters und Roman-Autors Andersen soll Brot mit Hering, Zwiebeln und Kapern gewesen sein. Diese Speise wird immer noch auf der Speisekarte angeboten. Im Det Lille Apotek speist du in historischen Räumen mit niedrigen Decken. Die Tische werden von Petroleumlampen beleuchtet. Die wunderschönen Bleiglasfenstern sind mit Motiven von Nymphen und Waldgöttern verziert. *Store Kannikestræde 15, 1169 Kopenhagen; https://detlilleapotek.dk/*

LEGENDE

Erkunde die idyllische Parks und Häfen von Kopenhagent

- ⑬ Garten der Königlichen Bibliothek
- ⑭ Botanischer Garten
- ⑮ Zoo Kopenhagen
- ⑯ Rosenborg Schloss Garten
- ⑰ Kopenhagener Stadtpark
- ⑱ National Park Skjoldungernes Land
- ⑲ Valbyparken-Sandstrand
- ⑳ Nyhavn
- ㉑ Amager Strandpark

O2
Oslo Pl.
Voldgade
Grønningen
O2
O2
20
O2
Torvegade
Vermlandsgade
Uplandsgade
21
Prags Bl

#13 Der königliche Bibliotheksgarten

Mit einer Vielzahl an Grünflächen, Gärten und Parkanlagen ist die Hauptstadt von Dänemark eine umweltfreundliche Metropole. Der Beliebtheit der Parks verdankt Kopenhagen seinen Ruf als Großstadt mit ausgezeichneter Lebensqualität. Beim Stadtbummel stößt du immer wieder auf begrünte Flächen, Blumenbeete und schattige Plätze unter Bäumen.

Die schönste grüne Oase ist zweifelsfrei der Garten der Königlichen Bibliothek. In einem historischen Bauwerk auf der Insel Slotsholmen ist eine der größten Büchersammlungen der Welt untergebracht. Dänemarks königliche Nationalbibliothek verfügt über mehr als 35 Millionen Bücher und Schriftstücke. Damit ist die Königliche Bibliothek die wichtigste und größte in Skandinavien. Im Jahr 1999 wurde ein weiterer Anbau direkt am Wasser eröffnet. Da die Fassade des Gebäudes aus schwarzem, poliertem Granit besteht, wird es „Den Sorte Diamant" (deutsch: schwarzer Diamant) genannt.

Das besondere Highlight sind die wunderschönen Gärten, die die Königliche Bibliothek umgeben. Majestätische Bäume, Sträucher und mit bunten Blumen bepflanzte Beete bieten ein malerisches Ambiente. Bei einem Spaziergang durch die riesige Gartenanlage ist die Ruhe förmlich spürbar. In der Mitte der Gartenanlage befindet sich ein flaches Wasserbecken, das von einer Kupfersäule dominiert wird. An diesem früher als Brunnen genutzten Ort hört man das Wasser plätschern. Zu jeder vollen Stunde läuft aus dem Mund der acht Meter hohen Kupferskulptur Wasser in Kaskaden hinab. Spazierst du durch das grüne Wunderland, entdeckst du weitere Wasserfontänen, blühende Gärten und kunstvoll gestaltete Skulpturen. Das berühmteste Monument ist das Søren Kierkegaard-Denkmal. Die gewaltige, von Louis Hasselriis gestaltete Statue, erinnert an den dänischen Philosophen und Theologen, dessen Philosophie die Entwicklung der Existenzpsychologie entscheidend beeinflusste.

Der idyllische Garten der Königlichen Bibliothek (dänisch: Det Kongelige Biblioteks Have) ist nicht ganz einfach zu finden. Er liegt etwas versteckt zwischen dem Gebäude, in dem die Königliche Bibliothek untergebracht ist und dem Tøjhus-Museum. Außerdem ist der Garten vom Innenhof des benachbarten Schloss Christiansborg aus zugänglich. Die Kopenhagener schätzen die romantische Gartenanlage als eine der ruhigsten Plätze im Stadtzentrum.

täglich von 6.00 bis 22.00 Uhr

1 Proviantpassagen, 1219 Kopenhagen

#14 Botanischer Garten Kopenhagen: Erforsche die einzigartige Flora Dänemarks

Unmittelbar in der Kopenhagener Innenstadt gelegen, erstreckt sich der botanische Garten über eine Gesamtfläche von 10 Hektar. Der für die Öffentlichkeit zugängliche Botanikgarten ist vor allem für seine farbenprächtigen Bepflanzungen in den historischen Gewächshäusern aus dem 19. Jahrhundert bekannt.

Der erste botanische Garten wurde bereits im Jahr 1600 in der dänischen Hauptstadt gegründet. Seitdem wechselte der Park zweimal den Standort, bevor 1874 schließlich ein geeignetes Areal gefunden wurde, das mittlerweile eine Vielzahl lokaler und exotischer Blumen, Pflanzen, Büsche und Bäume beherbergt. Im größten Botanischen Garten Dänemarks haben mehr als 13.000 Pflanzen- und Baumarten ihre natürliche Heimat gefunden. Die Parkanlage ist in mehrere Bereiche unterteilt. In einem Areal entdeckst du dänische Pflanzen, im anderen Bepflanzungen aus Zentral- und Südeuropa. Des Weiteren gibt es einen Bereich mit Arten aus der europäischen Gebirgswelt sowie einen üppigen Rhododendren-Garten.

In insgesamt 27 Gewächshäusern gedeihen Blumen und Pflanzen, die vor kühlen dänischen Temperaturen geschützt werden. Die aufwendig gestalteten Gewächshäuser sind selbst eine Attraktion. Besonders beeindruckend ist das 1874 fertiggestellte 16 Meter hohe Palmenhaus. In die Spitze dieses einzigartigen Bauwerks gelangst du über eine schmale gusseiserne Wendeltreppe. Zur artgerechten Haltung nordischer Pflanzen verfügt der Botanische Garten über ein gekühltes Gewächshaus. In diesem Gartenhaus hat man künstlich arktische Umweltbedingungen, damit aus dem hohen Norden am Polarkreis importierte Pflanzen gedeihen können.

Kopenhagens Botanischer Garten gehört zur Universität der Hauptstadt. Gemeinsam mit dem Zoologischen und dem Geologischen Museum bildet der Botanikgarten das Staatliche Naturkundemuseum Dänemarks. Auf dem Gelände gibt es auch ein gemütliches Café für die kleine Pause zwischendurch.

täglich 08.30 bis 18.00 Uhr

Gothersgade 128, 1123 Kopenhagen

https://snm.ku.dk/english/

Blick auf die zauberhaften europäischen Architekturen des Palastes der botanischen Gärten

#15 Kopenhagener Zoo

Der Zoo von Kopenhagen ist ein beliebtes Ausflugsziel. Mehr als 3.000 Tiere, die 264 Arten angehören, fanden in diesem Tierpark ein neues, artgerechtes Zuhause. Im Februar 2013 wurde eine weitere Attraktion eröffnet. Im arktischen Ring tummeln sich seitdem Seehunde, Eisbären sowie Vögel des Nordatlantiks, die du aus nächster Nähe beobachten kannst.

Mit der Gestaltung dieser neuen Anlage verwirklicht der Kopenhagener Zoo einen höheren Standard bei der Unterbringung von Tieren. Es wurde strikt darauf geachtet, dass die tierischen Bewohner ausreichend Platz und somit bessere Lebensbedingungen vorfinden. Außerdem haben die Besucher nun die Möglichkeit, den Tieren näherzukommen und zwar sowohl oberhalb als auch unterhalb der Wasseroberfläche (durch einen unterirdischen Gang).

Im Tropenzoo, einer speziellen Abteilung, erwarten dich mit originalen Pflanzen nachgebildete Regenwälder sowie das typische feuchtwarme Klima der Tropen. Unabhängig von den Wetterbedingungen in Kopenhagen vermittelt der Tropenzoo das Gefühl, sich im Regenwald zu befinden. Dieser Eindruck wird noch stärker, wenn dir unterwegs Büscheläffchen, Kleinkantschils (eine Art Hirschferkel), Krokodile und Schlangen begegnen. Lausche dem Gezwitscher exotischer Vögel und beobachte wunderschöne, farbenprächtige Schmetterlinge.

Der Kopenhagener Zoo verfügt über den größten Kinderzoo Europas. In diesem Bereich dürfen Kinder mit zahmen Hasen und Zwergziegen spielen sowie Schlangen beobachten. Auf einem speziell für die Jüngsten angelegten Reitparcours werden geführte Rundgänge mit Ponys angeboten. Die Zoo-Bühne im Kinderzoo ist als Ort für Kinder-Veranstaltungen vorgesehen, die dort regelmäßig stattfinden.

Seit 2008 ist der Zoo von Kopenhagen stolzer Besitzer eines neuen Elefantenhauses. Das von Sir Norman Foster, einem bekannten britischen Architekten, entworfene Elefantenhaus zählt zu den besten Elefantenanlagen weltweit. Schaue den Elefanten beim Baden zu. Das Bassin ist so gebaut, dass du die Badegewohnheiten der Rüsseltiere aus nächster Nähe miterlebst. Durch seine besondere Architektur beeindruckt auch das 2007 eröffnete Nilpferd-Haus, dessen Wände wie eine Nilpferdhaut aussehen. Im ikonischen Panda-Haus erlebst du die Riesenpandas bei ihrer täglichen Aktivitäten.

Eintrittskarten für den Zoo reservierst du am besten vorab online. Dadurch ersparst du dir Wartezeiten am Zooeingang.

Im Zoo gibt es eine große Auswahl an Essensständen sowie einige Restaurants. Beliebt ist das Panpan-Bistro, das sich auf französisch-asiatische Fusionsküche spezialisiert hat. Kaffee und Kuchen bekommst du im Cakes & Dreams. Das traditionell dänische Restaurant Spisehuset FOLK bietet belegte Brötchen und kleine Gerichte an.

an 365 Tagen im Jahr jeweils von 09.00 bis 17.00 Uhr

Roskildevej 32, 2000 Frederiksberg bei Kopenhagen

https://www.zoo.dk/

#16 Schloss Rosenborg Garten

Der Rosenborggarten ist eine malerische Parkanlage im Zentrum Kopenhagens. Bei dem unmittelbar neben Schloss Rosenborg gelegenen Grünanlage handelt es sich um den ältesten königlichen Garten Dänemarks. Im Frühling und in den Sommermonaten sind die riesigen blühenden Blumenbeete ein einmaliger Anblick. Für Einheimische ist der Rosenborggarten vor allem ein beliebter Ort für ein gemütliches Picknick. Die Menschen entspannen sich auf den gepflegten Rasenflächen beim Sonnenbaden, spielen Ball oder lesen ein Buch. Während der Sommersaison gibt es zudem ein Puppentheater für Kinder mit regelmäßigen Vorführungen. Außerdem wurde für die Jüngsten ein Abenteuerspielplatz angelegt, der spannende Aktivitäten bietet.

Die opulenten Gärten wurden am Anfang des 16. Jahrhunderts unter der Herrschaft des dänischen Königs Christian IV. gestaltet. In früheren Jahrhunderten war der prächtige Rosenborggarten nur für Mitglieder des königlichen Haushalts sowie für die adlige Oberschicht des alten Dänemarks zugänglich. Heutzutage hat sich die großzügige Gartenanlage zum beliebten Rückzugsort Ruhe-suchender Menschen im lebhaften Stadtzentrum von Kopenhagen entwickelt. Seit 2001 ist der neue, symmetrische Renaissancegarten Krumspringet Teil des Rosenborggartens. Die malerische Parkanlage ist über drei Eingänge mit dem Kopenhagener Stadtzentrum verbunden. Wandere im Schatten der Bäume und unter Rosenbögen hindurch auf idyllischen Pfaden. Verbinde den Bummel durch den Park mit einem Besuch von Schloss Rosenborg, einem der schönsten Schlösser Dänemarks.

Adresse: Øster Voldgade 4A, 1307 København, täglich 7 - 17Uhr

Genieße einen Moment der Stille vor beeindruckender Kulisse

#17 Verbringe einen Tag im Kopenhagener Stadtpark

Die Kopenhagener betrachten die zahlreichen Parks und Grünanlagen in der Hauptstadt als ideale Orte zur Freizeitgestaltung. Der Stadtpark Fælledparken gilt als eine Art „zweites Wohnzimmer“

Im größten Park in Kopenhagen sind eine Vielzahl von Aktivitäten im Freien möglich. Der circa einen halben Quadratkilometer große Stadtpark entstand in den Jahren von 1908 bis 1914 im Rahmen eines ausgeschriebenen Wettbewerbs zur Begrünung der dänischen Hauptstadt. Den Auftrag, einen Freizeitpark für die Stadtbevölkerung zu schaffen, erhielt der dänische Landschaftsarchitekt Edvard Glæsel. Das Parkgelände umschließt einen großen See. Quer durch den Fælledparken führt eine schöne Allee, die nach dem damaligen Kopenhagener Bürgermeister Jens Jensen benannt ist, der sich für die Realisierung der Anlage einsetzte.

Im Fælledparken befinden sich mehrere Sportflächen sowie eine Skateranlage. Auch das Fußballnationalstadion Telia Parken ist Teil der riesigen Parkanlage. Im Kopenhagener Stadtpark sind täglich Sportler und Sportvereine beim Training anzutreffen. Der Sportplatz wird für unterschiedlichste sportliche Aktivitäten genutzt. Die Streckenführung beliebter Laufwettbewerbe führt meistens durch den Fælledparken. Darüber hinaus ist der Stadtpark Austragungsort vieler Open-Air-Konzerte und Kundgebungen. Besucher können Freiluft-Schachtische sowie einen Tanzpavillon nutzen, Fahrrad fahren, durch den Park joggen oder wandern.

Der im Norden von Kopenhagen im Vorort Østerbro gelegene Park ist mit dem Fahrrad, Auto und mit öffentlichen Verkehrsmitteln gut erreichbar.

Öffnungszeiten: der Fælledparken ist 24/7 zugänglich

#18 Erlebe einzigartige Landschaft im Nationalpark Skjoldungernes

Am Roskilde Fjord gelegen, ist der Nationalpark Skjoldungernes Land nur circa 30 Autominuten von Kopenhagen entfernt. Das Naturschutzgebiet beeindruckt mit wunderschöner Natur und gilt mit seinen Wäldern, malerischen und historischen Stätten als wichtiges Naturerben Dänemarks. Skjoldungernes Land ist das erste in der Provinz Seeland zum Nationalpark erklärte Naturschutzgebiet.

Das Gebiet, auf dem sich heute der 170 Quadratkilometer große Nationalpark befindet, soll bereits in der Steinzeit bewohnt gewesen sein. Mit großen Schmelzwassertälern und sanften grünen Hügeln zählt das Skjoldungernes Land zu den schönsten Eiszeitlandschaften in Skandinavien. Innerhalb des Nationalparks verbergen sich kulturelle Highlights wie der Dom von Roskilde. Das prächtige Gotteshaus ist das Wahrzeichen der Kleinstadt Roskilde und zählt als historisches Bauwerk zum UNESCO-Weltkulturer-

be. Die bedeutende, im Mittelalter erbaute Kirche beherbergt die Grabstätten der dänischen Königsfamilie. Als „Eingangstor zum Skjoldungernes Land" ist die Stadt Roskilde, in der sich zusätzlich zur Kirche ein Wikinger-Schiffsmuseum befindet, einen Abstecher wert.

Im Nationalpark angekommen, führen mehrere Wanderwege durch die Wälder und zum Fjord. Zu Fuß oder mit dem Mountainbike erkundest du die Landschaft rund um Roskilde, Lejre und Frederikssund. Das Gebiet ist abwechslungsreich und die Landschaft flach, sodass die Touren auch für unerfahrene Radfahrer und Wanderer geeignet sind. Grüne Wiesen und Ackerland sind von kleinen Seen und Flüssen durchzogen und bieten einen idyllischen Anblick. Am Roskilde-Fjord gibt es einige kleine Sandstrände. Vom Ufer aus ist das frische, kühle Wasser des Roskilde-Sees an vielen Stellen über eine Pontonbrücke erreichbar. Im Skjoldungernes Land-Nationalpark haben sich zahlreiche Vogelarten niedergelassen. Auch der Seeadler, Dänemarks größter Raubvogel, versorgt sich im See mit Nahrung und brütet im Nationalpark.

Die beliebteste Wanderstrecke ist der circa 40 km lange Schildjungenpfad, der um den Lille Kattinge Sø-See verläuft und aus mehreren Wanderpfaden besteht. Die kürzeste Strecke ist rund 8,5 km lang. Folgst du diesem Weg, gelangst du zu einer kleinen Ziehfähre, die du nutzt, um den Fluss zu überqueren.

Beim Skjoldungernes Land-Nationalpark wird zwischen einem blauen und einem grünen Teil unterschieden. Der blaue Teil umfasst den Roskilde-Fjord mit Küstenklippen, Salzwiesen, Inseln und Nistplätzen einer einzigartigen Vogelwelt. Der grüne Teil des Nationalparks bezieht sich auf das Gebiet Mittelseelands mit großen Laubwäldern, Lichtungen, Badeseen und idyllischen Wanderwegen.

Lade dir die App des Nationalparks herunter. ***https://play.google.com/store/apps/details?id=dk.combine.culturerunSkjoldungernesland&hl=en_US.***
Wanderstrecken und Sehenswürdigkeiten werden dort detailliert dargestellt und Parkmöglichkeiten sowie Toiletten angezeigt.
Adresse der Nationalparkverwaltung: Ledreborg Alle 2B, 4320 Lejre
Website: ***https://nationalparkskjoldungernesland.dk/ (nur in dänischer Sprache)***

#19 Erkunde wilde Natur und wunderschöne Themengärten im Valbyparken

Der Valbyparken gilt als besonderer Naturspielplatz, der natürliche Rasenflächen mit gepflegten Themengärten verbindet. Im Süden der Hauptstadt gelegen, grenzt der Park direkt ans Wasser.

Seit Sommer 2021 gibt es dort einen bewirtschafteten Strandabschnitt. Der Valbyparken-Sandstrand ist etwa 120 Meter lang und erfreut sich als idyllischer Stadtstrand großer Beliebtheit. Während der Saison von Mai bis Oktober stehen Umkleideräume, Außenduschen und Toiletten zur Verfügung. Ein Bademeisterservice wird jedoch nicht angeboten, sodass keine Rettungsschwimmer am Strand sind.

Mit seiner wilden Natur zieht der Valbyparken vor allem Besucher an, die einen malerischen Park und eine waldähnliche Landschaft erkunden wollen. Der größte Naturraum der Stadt Kopenhagen besteht nicht nur aus grüner Fläche. In einem Teil des Valbyparken ist ein riesiger Rosengarten mit circa 12.000 Rosenbüschen untergebracht. Der einzigartige Rosenhaven gleicht vor allem während der Rosenblüte in den Sommermonaten einem Meer aus hell- und dunkelroten Rosen. Die Rosenpflanzen blühen den ganzen Sommer über und die Blüten verströmen einen verführerischen Duft. Verschiedene Rosenstauden, die symmetrisch oder asymmetrisch angeordnet wurden, sind eine wahre Augenweide. Der Rosenhaven ist eine beeindruckende kreisförmige Anlage mit einem Durchmesser von 140 Metern. Verschiedene Rosensorten gedeihen auf einem Areal von 1,5 ha. Dies entspricht einer Fläche mehr als zwei Fußballfeldern.

Ein weiteres florales Highlight sind die Themengärten im Valbyparken. Nach Themen gestaltete Gärten sind die Besonderheit dieses Stadtparks. Insgesamt gibt es 17 Themengärten, die sich durch ihre thematische Gestaltung voneinander unterscheiden. Der am meisten besuchte Themengarten ist der nach den Märchen des Nationaldichters Hans Christian Andersens gestaltete orientalische Garten. Im Orientgarten dominieren farbenprächtige exotische Pflanzenarten, die auch im Norden Afrikas und im Mittleren Osten zu finden sind.

Stauden und Gräser prägen den dynamischen Garten. Dieser Bereich ist anspruchslosen Pflanzen- und Gräserarten vorbehalten. Der dynamische Garten dient als Vorbild einer effizienten Gartengestaltung, in der leicht zu pflegende Gewächse gedeihen. Hier finden Hobbygärtnerinnen und Freizeit-Gartenfans viele Inspirationen zum Anlegen eines Gartens.

Speziell für Menschen mit Sehbehinderung und für Rollstuhlfahrer hat man im Valbyparken den Handicapvligile Have (deutsch: Behindertengerechter Garten) angelegt. Es handelt sich um einen malerischen Zier- und Nutzgarten, deren Pflanzen mit den Händen erfühlt oder beim Vorbeifahren mit Rollator und Rollstuhl aus nächster Nähe betrachtet werden können.

Grüne Farbtöne in vielen verschiedenen Nuancen machen den Surbundshaven zur grünen Oase. In diesem Bereich des Valbyparken findest du sonnige und schattige Plätze, die wie geschaffen sind, um sich vom Park-Spaziergang auszuruhen.

Am kleinen See hat die Parkverwaltung einen wunderschönen Wassergarten angelegt. Überquere das Gewässer über eine niedrige Brücke und schaue dir die Pflanzenvielfalt, die im und um das Wasser herum wächst, an.

der Park ist rund um die Uhr zugänglich

Parkstien, 2450 Kopenhagen

Plane deinen Hafenbesuch!
Am frühen Morgen ist es bedeutend ruhiger als am späten Vormittag und Nachmittag. Reserviere den Tisch im ausgewählten Hafenrestaurant vorher, damit du deine Mahlzeit entspannt und stressfrei genießen kannst.
Nyhavn, 1051 Kopenhagen, www.nyhavn.com

#20 Der berühmte Nyhavn

Dänemarks Hauptstadt liegt am Öresund.
Diese Meerenge verbindet die Ostsee mit der Nordsee und trägt wesentlich zur Bedeutung von Kopenhagen als internationaler Hafenstadt bei.

Der Hafen der dänischen Hauptstadt ist der größte Seehafen des Landes und zählt zudem zu den wichtigsten Häfen im gesamten Ostseebecken. Kopenhagens Stadthafen erstreckt sich vom Svanemølle-Strand im Norden bis zur Kleinstadt Hvidovre im Süden. Der als „Nyhavn" (deutsch: neuer Hafen) bezeichnete Hafen wurde im Jahr 1673 errichtet. Die Bezeichnung Nyhavn gilt nicht nur für das Hafengelände, sondern für das gesamte Hafenviertel. Nyhavn ist für seine bunt bemalten Kaufmannshäuser und für seine ausgezeichnete Restaurant-Szene bekannt. Dieser Hafen ist der zentrale Hafen der dänischen Hauptstadt und zählt zu den wichtigsten Sehenswürdigkeiten in Dänemark.

Die wechselvolle Geschichte des Kopenhagener Hafens beginnt im 17. Jahrhundert, als die Errichtung eines Handels- und Passagierhafens in Auftrag gegeben wurde. Die Erbauung von Kaufmannshäusern, Hafen-Behörden und Lagerhallen diente dem Ziel, Kopenhagen als wichtige Hafenstadt im Ostseeraum zu etablieren. Um eine Verbindung zwischen dem Kopenhagener Hafen und dem größten Platz der Innenstadt zu schaffen, wurde der

Nyhavn-Kanal ausgehoben und 1673 fertiggestellt. Dadurch entwickelte sich der Seehandel und Nyhavn wurde zu einem florierenden Viertel. Im 18. und 19. Jahrhundert entstanden die damals von wohlhabenden Kaufleuten bewohnten farbenfrohen Giebelhäuser. Der steigende Schiffsverkehr trug dazu bei, dass im Hafenviertel zahlreiche Läden und Esslokale eröffneten. Die Gegend am Kopenhagener Hafen ist heute noch für ihre Restaurants, Bierstuben und Tanzlokale bekannt. Als bekanntestes Vergnügungsviertel Kopenhagens hatte Nyhavn nicht immer einen tadellosen Ruf. Berühmtester Bewohner dieses Stadtteils war der dänische Märchendichter Hans Christian Andersen, der zeitweise in einem Haus in einer der düsteren Gassen lebte.

Um das Viertel in der Hafengegend ranken sich viele Gerüchte und Märchen. In den vergangenen Jahren hat die Stadtverwaltung viel in die Infrastruktur investiert, um aus dem ehemals anrüchigen Hafenviertel ein elegantes Stadtviertel zu machen. Der Erfolg ist sichtbar und spürbar, denn das restaurierte und gepflegte Nyhavn hat sich zum trendigen Viertel entwickelt.

An die Blütezeit als Handelshafen erinnern die Museumsschiffe, die am Hafenkai vor Anker liegen. Am Hafen werden Hafenrundfahrten sowie kleinere Schiffsausflüge angeboten. Außerdem legen am Kai regelmäßig Kanalboote ab, die von dort aus zu Rundfahrten durch die zahlreichen Kanäle im Kopenhagener Hafengebiet starten. Eine Schiffsfahrt dauert durchschnittlich eine bis mehrere Stunden. Im kühlen Herbst und Winter sind überdachte und beheizte Boote im Einsatz. Meistens wird während einer Hafenrundfahrt durch den Innenhafen bis nach Nyhavn gefahren. Vom Wasser aus sind die schönen alten Kaufmannshäuser und die vor Anker liegenden Segelschiffe gut zu sehen. Am Ende des Nyhavn-Viertels steht ein Denkmal in Form eines großen Ankers. Das Monument ist den 1.600 dänischen Seeleuten gewidmet, die während des Zweiten Weltkriegs ums Leben kamen.

Viele Schiffsausflüge und Segeltörns führen vom Hafen bis zum ehemaligen Marinestützpunkt Holmen. Zum Bereich Holmen gehören 4 Inseln. Besonders interessant ist die Insel Frederiksholm die Dänemarks bedeutendste Filmschule, das neue Opernhaus, die Staatliche Theaterschule sowie das Konservatorium für Rhythmische Musik und die Architekturschule beherbergt. Mit dem Ausflugsschiff unterwegs zu den Holmen-Inseln kommst du an historischen Schießpulverhäusern und mehr als 250 Jahre alten Bastionen vorbei.

Seit 2016 können Fußgänger und Radfahrer die Inderhavnsbroen (deutsch: Innere Hafenbrücke) nutzen, um vom Hafen in das Stadtviertel Christianshavn zu gelangen. Die bewegliche Brücke, die den inneren Hafen überspannt, ist immer geöffnet, wenn keine Schiffe in den Hafenbereich ein- oder auslaufen. Wegen ihrer speziellen Optik wird die Hafenbrücke im Volksmund Kissing Bridge genannt. Beim Schließen der Brücke sieht es so aus, als würden sich zwei Zungen küssen.

Da der Nyhavn wegen der wunderschönen Kaufmannshäuser, der historischen Hafenanlage sowie der vielfältigen Gastronomie gern besucht wird, ist dort zu jeder Tageszeit mit größeren Menschenansammlungen zu rechnen. Vor allem während der Adventszeit, wenn in Nyhavn der traditionelle Weihnachtsmarkt stattfindet, ist der Besucherandrang groß. Die vorweihnachtliche Stimmung im alten Hafenviertel mit seinen Kopfsteinpflasterstraßen ist einzigartig. Die Weihnachtsbeleuchtung taucht den Hafen in glitzerndes Licht.

Erkunde die idyllischen Parks und Häfen von Kopenhagen

21 Über weißen Sand wandern und im Meer baden im Amager Strandpark

Mehr als 60 Hektar umfasst der Naturpark am Öresund, in dessen Gebiet sich der größte Sandstrand in der Metropolregion Kopenhagen befindet. Der Amager Strandpark liegt an der Ostküste der gleichnamigen Insel und ist ein geschütztes Naherholungsgebiet.

Da die einzigartige Naturlandschaft nur fünf Kilometer vom Stadtzentrum der dänischen Hauptstadt entfernt ist, hat sich das Amager Beach zum beliebten Stadtstrand entwickelt. Mit der U-Bahn oder dem Fahrrad ist dieser feinsandige Strand gut erreichbar. Der Amager Strandpark ist ein perfekter Ort, um zu entspannen, im Meer zu baden und längere Strandspaziergänge zu unternehmen.

In den Sommermonaten werden verschiedene Wassersportarten, wie Schnorcheln, Tauchen, Windsurfen und Kajak angeboten. Es gibt ein großes, künstliches Riff mit einer Fläche von ca. 150 × 50 Metern. Beim Tauchen von der Mole oder vom Strand aus erreichst du bei guten Sichtverhältnissen eine maximale Tiefe von 4,8 Metern. Je nach Jahreszeit siehst du unter Wasser Krebse und Seenadeln, Schollen und Aale sowie verschiedene Arten von Knochenfischen. Der Amager Beach Park besteht aus mehreren Strandbereichen, die insgesamt 4,6 km umfassen. Besonders beliebt ist der große Sandstrand mit Dünen.

Die im südlichen Teil des Parks gelegene Uferpromenade bietet sich für romantische Spaziergänge an. Vom Amager Beach ist die eindrucksvolle Öresundbrücke, die Dänemark mit dem schwedischen Festland verbindet, zu sehen. Regelmäßig finden zudem am Amager Strand kulturelle und gesellschaftliche Events statt. Info: Am Amager Strand stehen kostenfreie Parkmöglichkeiten zur Verfügung. Wegen der großen Beliebtheit des Sandstrandes sind die Parkplätze oft schon vormittags belegt. Weitere Optionen sind die Anreise mit dem Fahrrad oder der U-Bahn.

Amager Strand Promenaden 1, 2300 Kopenhagen

LEGENDE

Erlebe die künstlerische und experimentelle Seite Kopenhagens

- 22 National Aquarium of Denmark
- 23 Experimentarium
- 24 Nationalgalerie
- 25 Naturhistorisches Museum des Staates
- 26 Dänisches Nationalmuseum
- 27 Designmuseum Dänemark
- 28 Ny Carlsberg Glyptotek

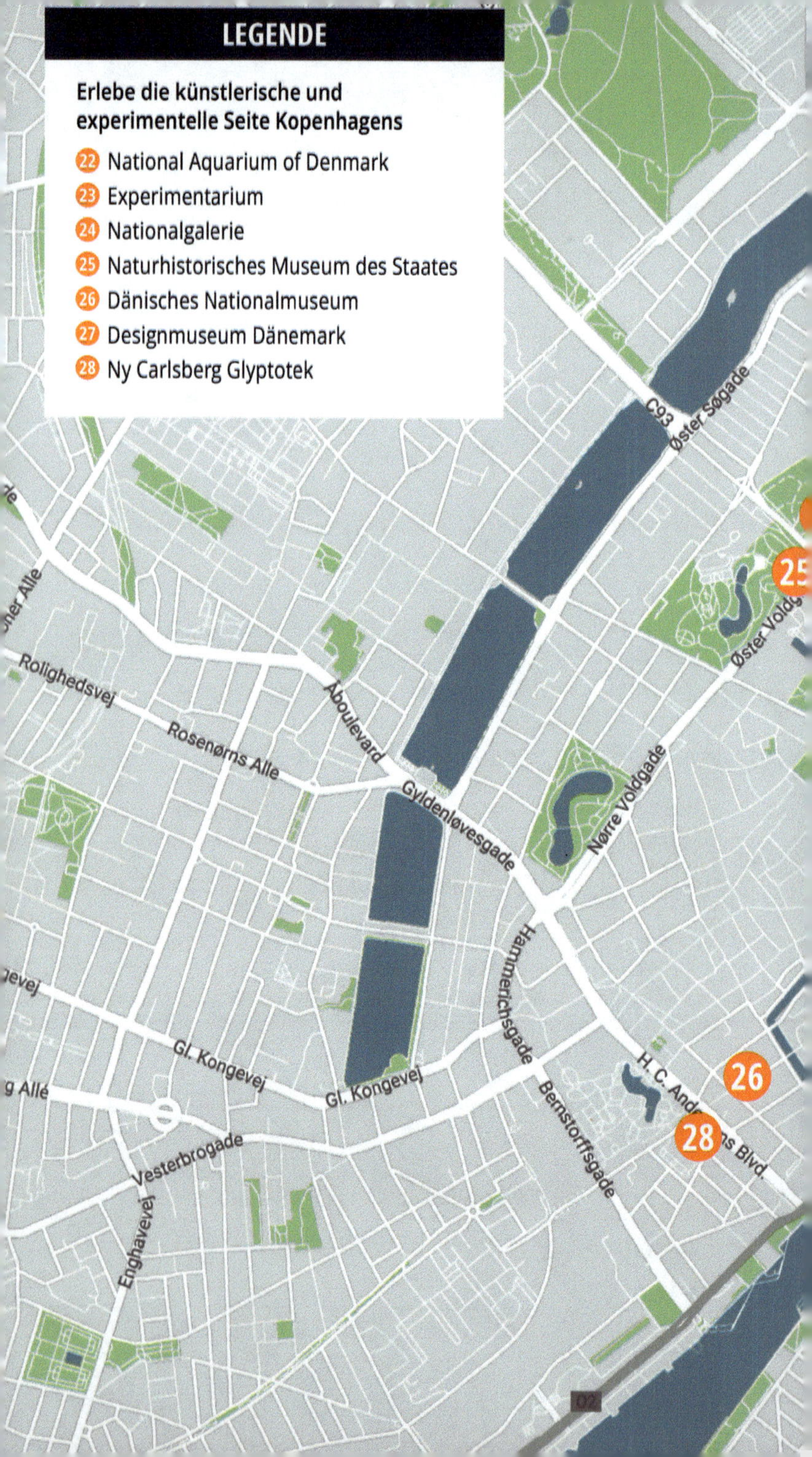

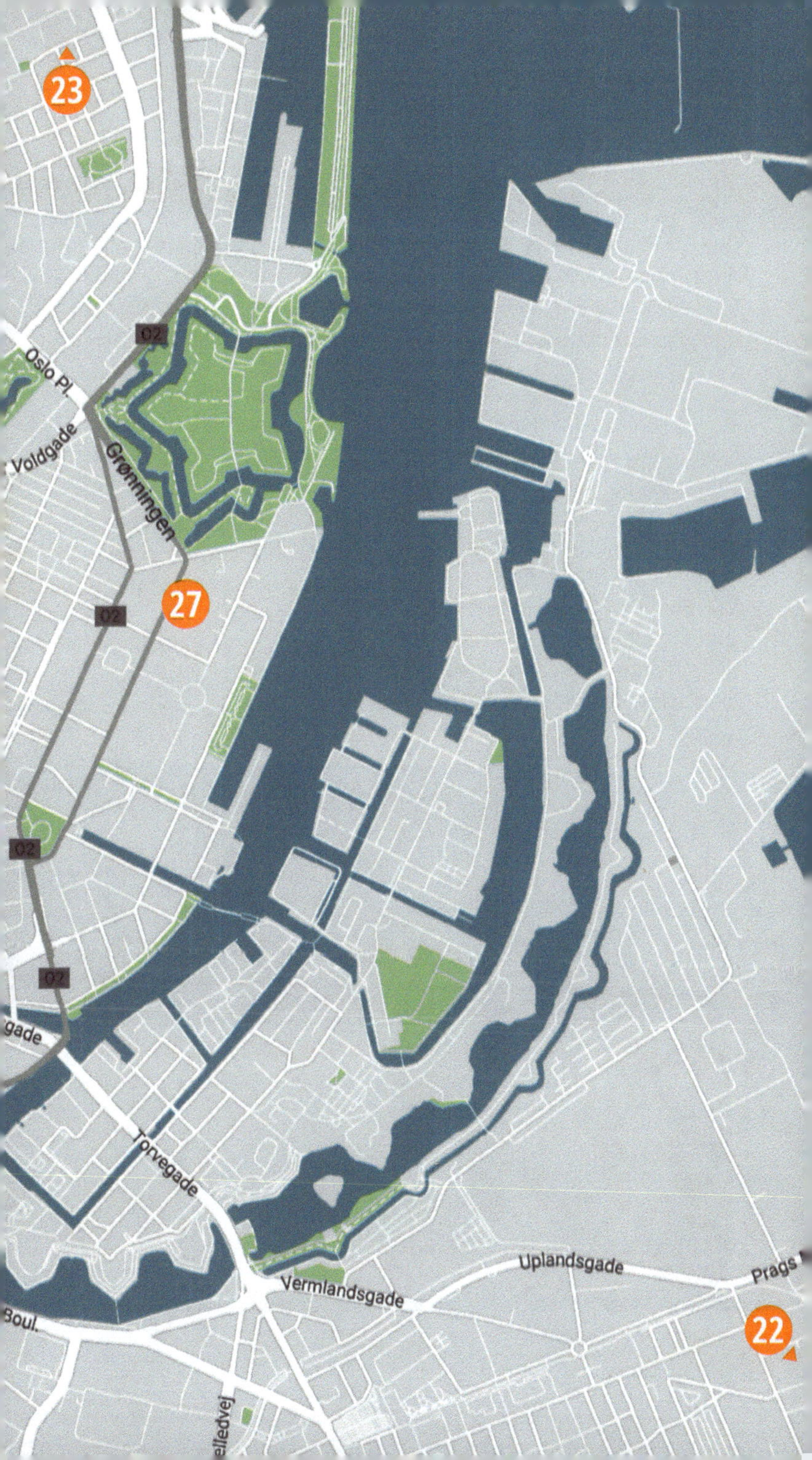

23
Oslo Pl.
02
Voldgade
Grønningen
27
02
02
02
gade
Torvegade
Uplandsgade
Vermlandsgade
Prags
Boul.
22
elledvej

#22 Erlebe tropische Fische, Haie und andere Meeresbewohner im National Aquarium of Denmark

Den Blå Planet (deutsch: der blaue Planet) wird das Kopenhagener Aquarium genannt. Das nationale Aquarium von Dänemark zählt zu den größten und berühmtesten seiner Art in Europa. In riesigen Wasserbecken und gläsernen Aquarien tummeln sich mehr als 20.000 Meerestiere.

Zu den großen und kleinen Meeresbewohnern gehören Haie und Rochen ebenso wie tropische Fische, Seepferdchen und Quallen. Das bedeutendste Meeres-Aquarium Nordeuropas bietet einen spannenden Einblick in die farbenprächtige Unterwasserwelt der verschiedenen Ozeane. Die ca. 48 Aquarien, die Fische und andere Meereslebewesen beherbergen, sind mit 7 Millionen Litern Wasser gefüllt.

Ähnlich einzigartig wie die Tierwelt ist auch der Architekturstil des Kopenhagener Aquariums. Bei der Gestaltung hat sich das bekannte dänische Architektur- und Designbüro 3XN von schwimmenden Fischschwärmen und Meeres-

Das Aquarium ist täglich von 10.00 bis 17.00 Uhr und an manchen Abenden bis 21.00 Uhr geöffnet. Aktuelle Besuchszeiten findest du auf der Website

Jacob Fortlingsvej 1, 2770 Kastrup

www.denblaaplanet.dk

strömungen inspirieren lassen. Aus der Entfernung betrachtet, gleicht das futuristische Bauwerk einem überdimensionalen Windrad oder einem gigantischen Wasserstrudel. Der „Strudel" besteht aus fünf Armen, die fünf Weltmeere symbolisieren. Die tierischen Meeresbewohner des Aquariums stammen aus diesen Regionen, die vom kalten Nordmeer bis zu exotischen Korallenriffen im Pazifik reichen.

Wegen der speziellen Bauweise bezeichnen die Kopenhagener ihr neues Aquarium gern als „Whirlpool". Alle Einrichtungen des Meeres-Erlebniszentrums basieren auf modernsten technischen Standards. Das beeindruckende, an der Küste des Øresund gelegene Bauwerk ist vom Flughafen Kastrup zu sehen und sorgt für einen ersten Eindruck nach der Landung in Kopenhagen. Die typische Wirbelform der Anlage setzt sich in den Poolbecken und Terrassen fort. Für die Fassadenbekleidung wurden ausschließlich hochwertige, wertbeständige Materialien entwickelt. Als architektonisches Meisterwerk hat das Aquarium bereits mehrere wichtige internationale Preise gewonnen. Die für Besucher zugänglichen Bereiche sind thematisch geordnet. Bei einem Rundgang entdeckst du verschiedene Meeresumgebungen und die Meeresbewohner, die dort leben. Außerdem gibt es eine Tierkontaktzone, in der du Meerestieren wie Seesternen und Seeigeln ganz nahe kommst. Läufst du durch den gläsernen Tunnel, erlebst du, wie Haie und andere Raubfische über deinem Kopf schwimmen. Für eine besondere Atmosphäre sorgen das reflektierende Sonnenlicht, das dem Wasser farbliche Akzente verleiht sowie die spezielle Geräuschuntermalung, die einen Tauchgang simuliert.

Nach einem erlebnisreichen Rundgang bietet sich das Café im Aquarium als entspannender Rückzugsort an. Im Souvenirladen der Anlage werden Souvenirs zum Thema Meer und Meeresbewohner angeboten.

#23 Experimentiere mit naturwissenschaftlichen Phänomenen im Experimentarium in Hellerup

Das innovative Experimentarium ist ein interaktives Wissenschafts- und Technikmuseum, das zu den sehenswertesten Kopenhagener Museen zählt.

Nur wenige Kilometer vom Stadtzentrum der dänischen Hauptstadt gelegen, zieht das größte Wissenschaftsmuseum des Landes erwachsene Besucher und Kinder gleichermaßen in seinen Bann. Auf einer Gesamtfläche von ca. 14.000 Quadratmetern bietet das Museum ein breites Spektrum naturwissenschaftlicher Phänomene. Im Experimentarium werden nicht nur Ausstellungsobjekte bestaunt, sondern aktives Mitmachen ist ausdrücklich erwünscht! Täglich finden Livevorführungen und Shows mit wissenschaftlichen Themen statt. Für Kinder gibt es zudem einen großen Spielplatz auf dem Dach mit spannenden Spielgeräten. Das Experimentarium ist, wie die Bezeichnung vermuten lässt, zum Experimentieren geschaffen worden.

Beim Erforschen und Erkunden ergeben sich oft überraschende Erkenntnisse. Es geht dabei um Themen wie Energie und Wasser, Licht und Lasertechnik sowie um die Wunder des menschlichen Körpers. Im Themenpavillon The Port (der Hafen) erwartet dich eine „Murmelbahn“, mit der du dich am Seehandel beteiligst. Weitere Aufgaben für forschungswillige Besucher ist das Navigieren von Schiffen und Öltankern. Als Ziel der Seereise dient eine original nachgebaute Ölplattform in der Nordsee.

Was ist Licht, wie entstehen elektromagnetische Strahlungen und worauf beruhen die unterschiedlichen Lichtfarben? In der „leuchtenden“ Abteilung des Experimentariums findest du bei gezielten Experimenten Antworten auf diese Frage. Eine der beliebtesten Bereiche ist das Seifenblasen-Aquarium. Dort werden künstlich riesige Seifenblasen erzeugt, die so groß sind, das Erwachsene und Kinder hineinpassen. Beim Seifenblasen-Experiment erfährst du, weshalb diese in vielen Farben funkeln. Durch eigenes Experimentieren stellst du fest, dass Seifenblasen nicht immer rund sein müssen, sondern auch viereckige und andere Formen annehmen.

Die Welt der Wissenschaft und ihre Wunder erschließen sich auf eindrucksvolle Weise bei einem Rundgang durch das Kopenhagener Experimentarium. Für die Pause zwischendurch bietet sich die zu diesem Zweck gestaltete Lounge-Zone an. Kino-Vorstellungen einmal ganz anders erlebst du im interaktiven Kino des Wissenschaftsmuseums. Anstatt wie im gewöhnlichen Kino entspannt im Sessel zu sitzen, gestaltest du deinen Kinobesuch aktiv mit. Im Kino des Experimentariums sind Fantasie und Kreativität gefragt. Während der Filmvorführung springst du auf Baumstämme und überquerst rauschende Flüsse.

Bewegung und körperliche Aktivitäten unterschiedlicher Form stehen im PULS Torvet im Fokus. In diesem Bereich des Experimentariums wird gelaufen, gesprungen, gekrabbelt, getanzt und Rad gefahren. Die Übungen für mehr Kondition und Fitness wurden von Experten der Gesundheitswissenschaft entwickelt. In der „Balance Küche" geht es um gute Balance, Schnelligkeit, Koordination und Kraft. Springe von Topf zu Topf und setze dabei deinen Oberkörper und deine Beinmuskulatur richtig ein. Greife nach den Bällen im Kugelkäfig und trainiere deine Beweglichkeit im Fahrradschuppen. Ein besonderer Spaß erwartet dich im Tanzbad. In der Energietrommel wird dein Energieverbrauch beim Tanzen, Springen und Hüpfen gemessen.

Stelle deine Beweglichkeit unter Beweis, indem du den Hindernisparcours in möglichst kurzer Zeit bewältigst. Das PULS Torvet wurde geschaffen, um die Zusammenhänge von Sport und Wissenschaft zu verdeutlichen. Als physikalische Größe spielt die Energie in Wissenschaften wie Physik, Chemie und Biologie eine zentrale Rolle. Das gesamte Universum basiert auf Energie. In der Energy Zone erlebst du hautnah, wie viel Energie bei welchen Vorgängen verbraucht wird. Außerdem haben die Besucher dieses Themenbereichs Gelegenheit, mit einem elektrischen Fahrraddynamo selbst Energie zu produzieren. Die Energy Zone beschäftigt sich mit den verschiedenen Aspekten der Energie. So wird beispielsweise der Nutzen von Sonnenkollektoren erklärt, aber auch die möglichen Grenzen alternativer Energiequellen aufgezeigt.

Im Miniverse entdeckt man die Unendlichkeit des Universums. Dieser Themenbereich, der aus sieben kleinen Universen besteht, bietet auch den Jüngsten ab einem Mindestalter von einem Jahr spannende Erlebnisse zum Anfassen. Zum kleinen Universum gehören ein Bauernhof, ein Krankenhaus, ein Versteck, der Schattenwald, das Spiegelmeer sowie der Sturm und der Wind. Diese Abteilung ist vor allem für Kinder gedacht, die hier altersgerecht an die Kosmologie und die Relativitätstheorie herangeführt werden. Das 1.000 m^2 große Miniversum wurde im April 2018 als erste permanente Erweiterung des Experimentariums eröffnet.

Unser Tipp: Plane für deinen Besuch im Experimentarium ausreichend Zeit ein. Wenn du dich an möglichst vielen Experimenten beteiligen und Neues ausprobieren willst, ist mindestens ein halber Tag notwendig.

Geöffnet ist täglich von 09.30 - 17.00 Uhr, Tuborg Havnevej 7, 2900 Hellerup bei Kopenhagen https://www.experimentarium.dk/en/

#24 Erkunde die schönste Sammlung dänischer Kunst in der Nationalgalerie

Die Nationalgalerie Dänemarks ist eines der wichtigsten Museen Kopenhagens. Ein Besuch im repräsentativsten Kunstmuseum des Landes lohnt sich, da diese die schönste Sammlung dänischer Kunst vom Klassizismus zum Symbolismus beherbergt.

Dienstag bis Sonntag von 10 Uhr bis 18 Uhr.

Sølvgade 48-50, 1307 Kopenhagen

Website: https://www.smk.dk/de/

Dänemarks Nationalgalerie befindet sich direkt im Zentrum der Hauptstadt. Das Angebot interessanter Ausstellungsobjekte ist riesig und reicht vom 14. Jahrhundert bis zur Gegenwart. Als größtes Museum für Bildende Kunst in ganz Dänemark ist die Nationalgalerie, die dem Kulturministerium unterstellt ist, im Besitz einzigartiger Objekte.

Nach einer internen Umstrukturierung werden dänische Kunstwerke nun in einer neuen Hängung präsentiert. In 24 Ausstellungsräumen und Sälen wird die Geschichte der dänischen Malerei unter der Bezeichnung „Danish and Nordic Art from 1750-1900" thematisiert. Die Reihenfolge ist chronologisch geordnet und berücksichtigt von Künstlern geschaffene 400 Werke.

Bereits beim Betreten des ersten Saals kann man sämtliche Gemälde inklusive Erklärungen über einen großen Touchscreen abrufen. Ein durch Berührung zu aktivierender Bildschirm steht in allen Räumen zur Verfügung. Dieser ist einfach bedienbar, sodass auch Kinder diesen nutzen können. Speziell für die Kleinen gibt es einen Saal mit Tierskulpturen, in dem Zeichenutensilien zum Üben für zukünftige Künstlerinnen und Künstler bereitliegen.

Die bedeutendste Epoche dänischer Kunst begann im absolutistischen Zeitalter zwischen 1648 und 1789. Dieser Phase schloss sich die Hinwendung zu einer „natürlichen Privatheit" an, die besonders in der Porträtmalerei ihren künstlerischen Ausdruck fand. Ein erster Höhepunkt in der dänischen Kunst war das „Goldene Zeitalter" im frühen 19. Jahrhunderts, das mit dem Symbolismus am Ende des gleichen Jahrhunderts endete.

Aus dieser Zeit stammen bedeutende Kunstwerke, wie die Gemälde von Jens Juel (1745-1802), die sich durch die typische Klarheit in ihrer Darstellung auszeichnen. Die nüchterne Darstellung von Motiven und die kühlen nordischen Farben verleihen den Kunstwerken einen besonderen Charme.

Die gesamte umfangreiche Sammlung der Nationalgalerie umfasst neben dänischer auch europäischer Kunst aus über 700 Jahren. Zu den Ausstellungsobjekten zählen Gemälde und Skulpturen sowie Zeichnungen und Kunstgewerbe. Die Werke dänischer Altmeister wie Vilhelm Hammershøi und Christen Købke sind in der Nationalgalerie ebenso zu finden wie internationale Meisterwerke von Rubens, Rembrandt, Picasso, Matisse und Goya. In regelmäßigem Turnus werden Wechselausstellungen präsentiert.

#25 Erforsche Natur, Wissenschaft und Kultur im Naturhistorischen Museum von Dänemark

Das Naturhistorische Museum von Dänemark vereint vier bedeutende Wissenschaftsbereiche. Der Gebäudekomplex beherbergt ein Geologisches und ein Zoologisches Museum sowie einen sowie die Zentralbibliothek und den Botanischen Garten.

Die Entwicklung der einzelnen Abteilungen, die heute das Vereinigte Naturhistorische Museum von Dänemark bilden, begann bereits im 17. Jahrhundert. Beim Schaffen eines zentralen Wissenschaftsstandortes für Dänemark und der Bewahrung des dänischen Nationalerbes spielt der damalige Reichsarchivar Ole Worm eine entscheidende Rolle. Der dänische Wissenschaftler und Arzt zählt zu den Begründern der skandinavischen Archäologie. Er gründete um 1620 das Museum Wormianum, das die Grundlage für das spätere geologische sowie das zoologische Museum bildete. Nachdem Ole Worm 1621 außerdem zum Direktor des Botanischen Gartens ernannt wurde, führte er dort eine Vielfalt an Heilpflanzen sowie seltenen Pflanzenarten aus anderen Ländern ein. Damit begann die Entwicklung der dänischen Wissenskultur. Heutzutage untersteht das Naturkundemuseum von Dänemark der naturwissenschaftlichen Fakultät der Universität Kopenhagen. Die ältesten Sammlungen sind mehr als vier Jahrhunderte alt und ständig kommen neue, interessante Ausstellungsobjekte hinzu. Insgesamt verfügen die zusammengelegten Museen über rund 14 Millionen Artefakte. Darunter befinden sich Skelette, Häute und Felle sowie Tierkörper, die für wissenschaftliche Experimente in Gläsern mit Alkohol aufbewahrt werden. Der wertvollste Schatz des Naturhistorischen Museums sind die wertvollen Sammlungen von Fossilien, Mineralien, Gesteinen und Meteoriten. Das besondere Highlight ist ein 16 Tonnen schwere Meteorit aus dem Weltall. Außerdem sind eine Vielzahl Insekten und Pflanzen, die auf Herbariumplatten kultiviert werden, zu sehen. Die riesige Sammlung des Botanischen Gartens umfasst ca. 10.000 Pflanzenarten, die Orchideen und fleischfressende Pflanzen, Kakteen und exotische Bäume beinhaltet.

Im Geologischen Museum ist der 12 Meter lange und 4 Meter hohe T-Rex Tristan Otto das meistbesuchte Ausstellungsobjekt. Der 66 Millionen Jahre alte Dinosaurier beeindruckt nicht nur durch seine enorme Größe, sondern auch durch seine furchterregenden Zähne im fast vollständig erhaltenen Gebiss. Beim Rundgang durch das Zoologischen Museum entdeckst du ausgestopfte Mammuts, die ebenfalls aus der prähistorischen Epoche stammen. Darüber hinaus sind im zoologischen Teil des Naturhistorischen Museums Skelette und ausgestopfte Körper von Wollhaarnashörnern, Steppenwisenten und Riesenhirschen zu sehen.

Die umfangreichen Sammlungen stellen die Grundlage für aufwendige Forschungsarbeiten des Museums und sind eine wichtige Informationsquelle für Studierende. Für die Dänen verkörpert das Naturhistorische Museum die wichtigste Verbindung zum kulturellen Erbe des Landes. Die ausgestellten Objekte veranschaulichen die Konservierungstechnik der jeweiligen Epoche und erzählen spannende Geschichten aus der Zeit, als Dänemark noch ein Land der Jäger und Sammler war. Jährlicher Höhepunkt ist die beliebte Ausstellung „Wildlife Photographer of the Year". Bei diesem Event, der zuvor in den Medien und auf der Museums-Website angekündigt wird, werden die 100 besten Natur- und Wildtierfotos der Welt gezeigt. Das ganze Jahr über finden regelmäßig wechselnde Sonderausstellungen statt, die sich der Welt der Natur widmen.

Die ideale Lage in der Nähe des Nørreport-Bahnhofs und am Rande des Botanischen Gartens macht das Museum zum perfekten kulturellen Ausflugsziel in Kopenhagen. Verbinde deinen Museumsbesuch mit einem Spaziergang durch den Botanikgarten und erkunde die riesige . Sammlung von Pflanzen aus aller Welt.

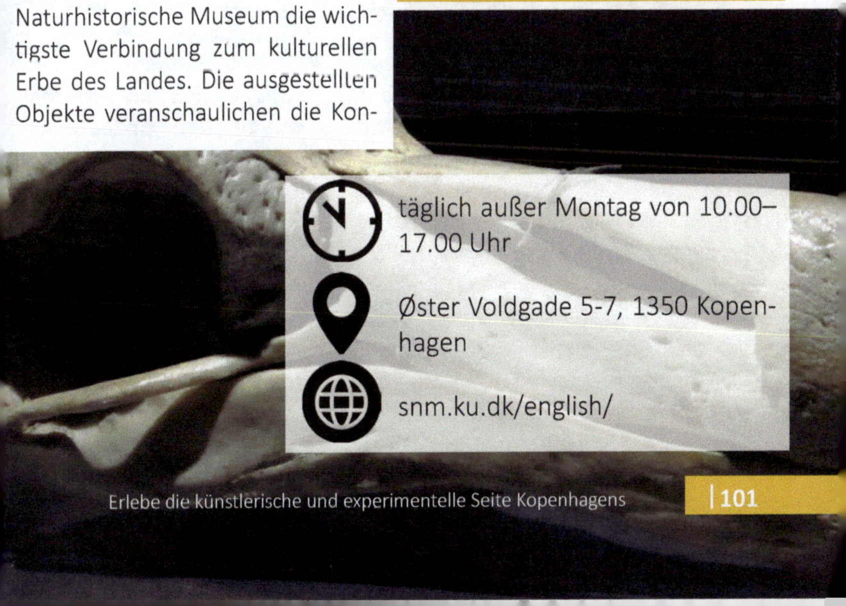

täglich außer Montag von 10.00–17.00 Uhr

Øster Voldgade 5-7, 1350 Kopenhagen

snm.ku.dk/english/

#26 Reise durch die dänische Kulturgeschichte im Dänischen Nationalmuseum

Dienstag bis Sonntag jeweils von 10.00-17.00 Uhr

Ny Vestergade 10, 1471 Kopenhagen

www.natmus.dk

Gegenüber von Schloss Christiansborg, befindet sich im Prinzenpalais, das Dänische Nationalmuseum. Das zu den bedeutendsten Museen Dänemarks zählende Institut beherbergt Kunstschätze, die einen großen Teil der dänischen Kulturgeschichte darstellen. Im größten kulturhistorischen Zentrum des Landes sind zahlreiche wertvolle und außergewöhnliche Ausstellungsstücke zu sehen.

Das Nationalmuseet gilt als bester Ort, um einen Einblick in die Geschichte und die Kultur Dänemarks zu bekommen. Im Prinzenpalast aus dem 18. Jahrhundert sind mehrere ständige Ausstellungen untergebracht. Diese sind in verschiedene Bereiche sowie nach historischen Epochen gegliedert. Es gibt einen Saal mit Objekten aus der Antike und weitere Räumlichkeiten, die Sammlerstücken aus dem Mittelalter sowie Fundstücke aus späteren Jahrhunderten bis zur heutigen Zeit beherbergen.

Im Nationalmuseum Dänemarks ist zudem ein Kindermuseum untergebracht.

Dieser speziell für die Jüngsten konzipierte Bereich zeichnet sich durch einige besondere Merkmale aus. So gibt es nirgendwo Verbotsschilder und alle Objekte dürfen angefasst werden. Das Kindermuseum wurde geschaffen, um Kindern die Möglichkeit zu geben, die Geschichte Dänemarks auf eigene Faust zu erforschen. Es besteht Gelegenheit, in einer mittelalterlichen Küche zu kochen, an Bord eines Wikingerschiffs zu gehen sowie in einer Burg alles für die Verteidigung eines feindlichen Angriffs vorzubereiten. Im historischen Klassenzimmer stehen originale Schiefertafeln und Kreide zum Malen und Schreiben zur Verfügung. Spielen und Berühren aller Objekte sind im Kindermuseum überall erlaubt.

Das besondere Highlight ist die ethnografische Sammlung. In diesem Teil des Museums sind Ausstellungsstücke verschiedener Ethnien untergebracht. Dazu zählen Objekte der Eskimos und Maori sowie Artefakte verschiedener Religionen wie Hinduismus und Buddhismus.

Das Nationalmuseum besitzt außerdem eine wertvolle Sammlung klassischer Antiquitäten und Antiquitäten des Nahen Ostens sowie eine Münz- und Medaillensammlung und ein Spielzeugmuseum. Die ständige Ausstellung von Objekten der dänischen Antike umfasst berühmte Nationalschätze wie das Egtved Mädchen und den Sonnenwagen von Trundholm, der mehr als 3.000 Jahre alt ist. Ein weiterer Höhepunkt ist die Frau von Huldremose. Die Überreste einer weiblichen Moorleiche stammen aus dem 2. Jahrhundert und sind erstaunlich gut erhalten.

Wer sich für Dänemarks Kulturgeschichte, beginnend von der Steinzeit, über die Wikingerzeit und das Mittelalter interessiert, nimmt am besten an einer vom Museum angebotenen Führung teil. Die Self-guided-tour ist mithilfe von Audioprogrammen und Kopfhörer ganz einfach selbst durchführbar.

Das Prinzenpalais, in dem das Nationalmuseum untergebracht ist, ist ebenfalls eine historische Sehenswürdigkeit. Der Palast stammt aus der Zeit zwischen 1743 und 1744. Das majestätische Bauwerk wurde vom Architekten Nicolai Eigtved errichtet. Die ersten Bewohner der prächtigen Räumlichkeiten waren der dänische Kronprinz Frederik V. und Kronprinzessin Louise.

Die Ausstellung über die Wikingerzeit ist einmalig. Dort erfährst du alles über das mysteriöse kriegerische Volk und ihre Herrschaft über die Nordmeere.

#27 Design Museum Danmark

Bewundere einzigartige dekorative Kunst, Kunsthandwerk und Industriedesign

Das Designmuseum in Kopenhagen widmet sich ganz der dekorativen Kunst, dem Kunsthandwerk und Industriedesign. Die dort ausgestellten Objekte und Produkte repräsentieren den einzigartigen Stil des dänischen Designs. Aufgrund der Vielfältigkeit der Exponate zählt das dänische Designmuseum zu den Top-Sehenswürdigkeiten in Kopenhagen.

Die Sammlung dekorativer Kunst bezieht sich nicht nur auf Dänemark, sondern umfasst auch Objekte aus anderen Ländern der westlichen Welt sowie aus Asien stammende Exponate. Zu sehen sind Möbel, Deko-Objekte, Wohn-Accessoires und Bilder aus unterschiedlichen Epochen vom Mittelalter bis in die Gegenwart.

Das Gebäude, indem das Designmuseum untergebracht ist, war früher das erste öffentliche Krankenhaus Dänemarks. Prominentester Patient des Königlichen Frederiks-Krankenhauses war Søren Kierkegaard. Dänemarks berühmtester Philosoph und Schriftsteller wurde im Jahr 1855 dort eingeliefert und starb im gleichen Jahr in diesem Krankenhaus. Später wurde das Hospital zum heutigen Museum umgestaltete, das neben einer ständigen Sammlung auch regelmäßig Wechselausstellungen zeigt

.

Im Fokus des Designmuseums stehen die Werke dänischer, international anerkannter Designer wie Arne Jacobsen, Poul Henningsen und Kaare Klint. Der eindrucksvolle Designstil dieser Künstler spiegelt sich in einigen der Sammlungen wider. Dänemarks Designer haben mit ihren minimalistischen Formen und klaren Akzenten das nordische Design entscheidend geprägt. Im Museum sind berühmte Designklassiker, wie der Safari-Stuhl und die PH-Lampen von Arne Jacobsen zu sehen. Beim Rundgang durch die Ausstellungssäle bekommt man einen Einblick in die einzigartige Geschichte des dänischen Designs. Der inhaltliche Schwerpunkt der Ausstellung sind dänisches Design und modernes Kunsthandwerk. Das Designmuseum besitzt wertvolle Sammlungen europäischer und asiatischer Kunsthandwerke. Außerdem verfügt es über beeindruckende Objekte der modernen Kunstindustrie.

Täglich außer Montag von 10.00 bis 18.00 Uhr
Bredgade 68, 1260 Kopenhagen
www.designmuseum.dk

#28 Ny Carlsberg Glyptotek

Die Ny Carlsberg Glyptotek ist ein besonderer Ort. Das Bauwerk, das einem griechisch-römischen Wintergarten nachempfunden ist, wurde im Jahr 1882 als Museum eröffnet. Eigentümer des prächtigen Gebäudes und der Sammlungen ist Carl Jacobsen, Gründer der berühmten Carlsberg-Brauerei. Die Sammlung der Galerie umfasst wertvolle und einzigartige Gemälde und Skulpturen. Zur besseren Übersicht ist der Ausstellungsbereich in zwei Hauptabteilungen unterteilt.

Zu sehen sind Kunstwerke sowie archäologische Objekte aus dem alten Ägypten sowie aus dem antiken Griechenland. Im anderen Bereich werden Fundstücke aus dem alten Rom und Exponate der etruskischen Kultur gezeigt. Die Ny Carlsberg Glyptotek ist im Besitz einer umfangreichen Sammlung antiker griechischer und römischer Porträtköpfe und Büsten. Des Weiteren sind Porträts aus Palmyrena ausgestellt.

In der Abteilung für moderne Kunst werden Werke dänischer und französischer Künstler des 19. Jahrhunderts gezeigt. Zu den wertvollsten Sammlerstücken zählen Kunstwerke von Paul Gauguin und Auguste Rodin.

Die Ny Carlsberg Glyptotek in Kopenhagen ist ein privates Kunstmuseum für Bildhauerei und Malerei. Der Gründer Carl Jacobsen machte mit der Eröffnung seiner Galerie die private Kunstsammlung seines Vaters für die Öffentlichkeit zugänglich. Die Bezeichnung „Ny Carlsberg Glyptotek" setzt sich aus dem Namen der renommieren Brauerei sowie aus dem Wort ny für neu zusammen. Der Begriff „Glyptotek" beschreibt die Skulpturensammlung, die den Schwerpunkt der Ausstellung bildet.

Das prächtige Gebäude ist schon von Weitem an seiner Glaskuppel zu erkennen. Die verschiedenen Ausstellungsräume werden durch einen beeindruckenden Wintergarten miteinander verbunden. Die Privatsammlung des Bierbrauers und Kunstmäzens Carl Jacobsen ist von unschätzbarem Wert. Sie enthält zusätzlich zu den Skulpturen auch Gemälde des französischen und dänischen Impressionismus. Das Highlight sind die 40 Bilder von Paul Gauguin sowie bedeutende Gemälde von Renoir, Monet und van Gogh. Im Eintrittspreis ist der Besuch der Sonderausstellungen enthalten.

Dienstag bis Sonntag täglich zwischen 10.00 und 17.00 Uhr geöffnet

Dantes Plads 7, 1556 Kopenhagen

www.glyptoteket.com

LEGENDE

Eintauchen in das faszinierende Treiben der Stadt

- 29 Street Art
- 30 Strøget
- 31 Vesterbro
- 32 Fahrradtour Kopenhagen
- 33 Gråbrødretorv
- 34 Kastell von Kopenhagen
- 35 Refshaleøen
- 36 Carlsberg
- 37 Copenhagen Weirdwalks
- 38 CopenHill
- 39 Kanalrundfahrt
- 40 Fischerdorf Dragør
- 41 La Fontaine

O2
Oslo Pl.
34
35
Voldgade
Grønningen
O2
38
39
O2
O2
ade
Torvegade
Uplandsgade
Prags B
Vermlandsgade
oul.
40
edvej

FRI LEG

#29 Entdecke die einzigartige Streetart in Kopenhagen

Straßenkunst ist in der Hauptstadt Dänemarks noch nicht so etabliert wie in New York, London oder Berlin. Seit einigen Jahren entwickelt sich in Kopenhagen eine junge, kreative Straßenkunstszene.

In vielen Vierteln und Straßen ist wunderschöne Streetart zu sehen. Manche Orte sind so versteckt, dass du sie auf den ersten Blick kaum wahrnimmst. Es lohnt sich, bei einem Stadtspaziergang insbesondere auf halb verdeckte Mauern und Innenhöfe zu achten. Oftmals verbergen sich dort wahre Meisterwerke der Straßenkunst.

Die besten Wandmalereien in Kopenhagen finden sich in der Altstadt. Auf künstlerische Art haben Malerinnen und Maler ganze Gebäudeseiten verschönert und somit das Stadtviertel aufgewertet. Die Stadtteile Vesterbro und Nørrebro sind inzwischen für ihre bemerkenswerte Straßenkunst bekannt. Eines der berühmtesten Wandbilder ist in der Sofiegade im Christianshavn-Viertel zu sehen. Es zeigt einige berühmte Bauwerke Kopenhagens und eine eklektische Mischung unterschiedlicher Tiere. In der Oehlenschlægersgade befindet sich ein Wandgemälde des berühmten Straßenkünstlers DALeast. Der aus China stammende Künstler zeichnet sich durch seinen typischen, radierähnlichen Stil aus. Das Streetart-Kunstwerk stellt einen riesigen Vogel dar.
Im Stadtteil Vesterbro ist vor allem die Sankelmarksgade für originelle Straßenmalereien bekannt. Während des Images-of-Africa-Festivals im Jahr 1991 bereicherte der tansanische Künstler Hashim Bushiri Mruta dieses Stadtviertel mit originellen Kunstwerken, die afrikanische Tiere darstellen. Die besondere Kunstform der Malerei ist in Afrika in den 1980-er Jahren entstanden und wird als Tingatinga bezeichnet. Das Vesterbro-Viertel gilt wegen seiner Popularität in der Kopenhagener Straßenkunstszene als eine sich ständig verändernde Kunstgalerie. Häufig wechseln die Wandgemälde und beim nächsten Besuch einige Tage später entdeckst du vielleicht ganz andere Werke als zuvor.

Beginne deinen Rundgang im Hippieviertel Christiana und laufe von dort aus Richtung Norden. Da Kopenhagen eine sehr fahrradfreundliche Stadt ist, eignet sich das (Leih)-Fahrrad perfekt für eine Radtour zu den schönsten Streetarten-Kunstwerken.

#30 Flaniere über die Strøget und entdecke die besten Shoppingmöglichkeiten der Hauptstadt

Das entspannte Kopenhagener Lebensgefühl ist bei einem Stadtbummel in der dänischen Hauptstadt allgegenwärtig. Die Dänen lieben es lässig und nehmen sich Zeit. Der Bummel über die Strøget (deutsch: der Strich), eine der längsten Fußgängerzonen Europas, ist ein absolutes „Muss" während einer Kopenhagen-Reise.

Die breite Prachtstraße wird von malerischen Häusern, in denen Geschäfte, Cafés und Restaurants untergebracht sind, gesäumt. Auf der Strøget ist alles zu finden, was das Herz begehrt. Das Angebot reicht von günstigen Ladenketten bis zu exklusiven Marken und Designermode. Eigentlich handelt es sich bei der Strøget nicht um eine einzige, sondern um mehrere, ineinander übergehende Straßen. Als Einkaufsmeile gilt allerdings die etwa 1,1 Kilometer lange Haupt-Allee, die sich vom Rathausplatz bis zum Königsplatz (Kongens Nytorv). Der weitere Bereich mit vielen Shoppingmöglichkeiten umfasst die Straßen Nygade, Frederiksberggade, Østergade und Vimmelskaftet.

Die Bezeichnung „Strøget" ist ein Spitzname, den die Straße aufgrund ihres schnurgeraden Verlaufs im 19. Jahrhundert erhielt. Die heutige Einkaufsstraße beherbergt Flagship-Stores berühmter dänischer Marken. Ein Beispiel dafür ist das Royal Copenhagen, renommierter Herstel-

Der Caritasbrunnen ist der älteste Brunnen in der dänischen Hauptstadt Kopenhagen. Der Brunnen befindet sich auf dem Gammeltorv, dem Alten Markt, einem Abschnitt der Fußgängerzone Strøget.

ler hochwertiger Porzellan- Waren. Das dänische Traditionsunternehmen, das ursprünglich The Royal Porcelain Factory hieß, wurde bereits im Jahr 1775 gegründet. Seitdem hat sich der Hersteller mit der Produktion von ausgezeichnetem Porzellangeschirr mit handgemaltem Design weltweit einen Namen gemacht. Ein weiteres, mit einem Laden auf der Strøget vertretenes Designhaus ist die Firma Georg Jensen. Im Jahr 1904 vom Silberschmiedemeister Jensen gegründet, ist das Unternehmen für seine hervorragende Handwerkskunst bekannt. Im Dezember 2010 eröffnete an der Strøget der erste LEGO-Flagship-Store des bekanntesten dänischen Spielzeugherstellers. In diesem von LEGO-Fans sehr frequentierten Geschäft findest du die beliebten Bausteine, mit denen sich nicht nur Kinder gern beschäftigen. Der Flagship-Store bietet zudem einige exklusive und anderswo schwer zu findende LEGO-Sets an. Preisgekrönte LEGO-Spiele und die Spieleecke locken regelmäßig Besucherinnen und Besucher in den LEGO-Shop an der Vimmelskaftet 37 in der berühmten Fußgängerzone Strøget.

Die Strøget besitzt eine wichtige Funktion im Lebensgefühl der Kopenhagener. Sie ist gleichermaßen ein Ort zum Flanieren, Einkaufen sowie zum Sightseeing. Am Ende der Straße in Richtung Kongens Nytorv (Königsplatz) sind vor allem hochwertige internationale Marken wie Hermès, Prada, Louis Vuitton, Max Mara, Boss und Mulberry zu finden. In diesem Bereich haben sich überwiegend Läden mit exklusivem Modenangebot niedergelassen.

Für den Einkauf mit kleinem Budget bietet sich der Bereich beim Rathausplatz an. In diesem Abschnitt der Strøget befinden sich viele günstige Händler wie Zara, H&M,mWeekday und Vero Moda. Verbinde deinen Einkaufsbummel mit dem Besuch interessanter Sehenswürdigkeiten. Viele der bedeutenden Kulturdenkmäler Kopenhagens befinden sich in der Innenstadt in der Nähe Strøget. Innerhalb weniger Minuten zu Fuß erreichbar sind beispielsweise die Heiligengeist-Kirche (Helligåndskirke) sowie der Dom von Kopenhagen (Vor Frue Kirke). Nach einem kurzen Spaziergang gelangst du zum Storchenspringbrunnen (Storkespringvandet) am Amagertorv. Diese Straße ist ebenso wie die Strøget bei Straßenkünstlern sehr beliebt, die mit originellen Motiven die Häuserfassaden verschönern. Unser Tipp: Besonders schön ist der Strøget-Bummel am frühen Abend. In der Dunkelheit sind Straßen und Läden wunderschön beleuchtet und strahlen eine gemütliche Atmosphäre aus.

#31 Unternimm einen Spaziergang durch das trendige Stadtviertel Vesterbro

Im Zentrum der dänischen Hauptstadt befindet sich das Vesterbro-Viertel. Früher ein verruchtes Rotlichtviertel mit vielen Bars und Nachtlokalen, hat sich Vesterbro mittlerweile zum trendigen Szeneviertel entwickelt.

Das beliebte Trendviertel grenzt im Osten an den Tivoli-Vergnügungspark und die Innenstadt Kopenhagens. Vesterbro beginnt westlich des Kopenhagener Hauptbahnhofs. Das Rotlichtviertel ist wenigen Minuten zu Fuß durchquert und du befindest dich dann im coolsten Stadtviertel der Hauptstadt. Laufe über die Istedgade. Die Straße ist die Lebensader des Viertels und du gelangst direkt zum schönen Teil Vesterbros mit stilvollen Cafés, eleganten Weinbars und teuren Designerläden. In Vesterbro gibt es viel zu entdecken. Der trendige Stadtbezirk beherbergt auch den Meatpacking District. Das bei Kopenhagenern beliebte Food- und Ausgehviertel besteht zwar nur aus

Pulsierendes, trendiges Viertel berühmt für seine kreative Atmosphäre, stylischen Boutiquen, gemütlichen Cafés und das quirlige Nachtleben

wenigen Straßenzügen. Dennoch entdeckst du hier eine Vielzahl Bars, Kneipen und Restaurants. Nach der aufwendigen Umgestaltung der ehemaligen Arbeitergegend zogen Galerien und Clubs in die alten Schlachthäuser ein.

Vesterbro hat sich dank umfassender Modernisierungs- und Sanierungsmaßnahmen zum Juwel unter den Stadtteilen Kopenhagens entwickelt. Das einstige Rotlichtviertel ist kaum wiederzuerkennen. Gepflegte Straßen und Alleen laden zum Flanieren ein. Zu den 35.000 ständigen Einwohnern des Viertels zählen viele Künstler und Intellektuelle. Regelmäßig werden neue Kunstateliers eröffnet. In Vesterbro präsentiert man „Art in Progress". Die aktive Auseinandersetzung mit der Kunst bringt einzigartige Werke hervor. Stöbere in den Kunstläden und Galerien und gönne dir eine Kaffeepause in einem der gemütlichen Cafés und Bistros. In Vesterbro trifft sich die Kopenhagener Kulturszene. Ausstellungen, Präsentationen und andere Events finden in früheren Schlachthöfen und Schlachthallen statt, die man inzwischen zu modernen Kunsthallen umfunktioniert hat. Die berühmteste Location ist die Øksnehallen. In den Ochsenhallen finden oft sogar mehrere Ausstellungen gleichzeitig statt. Mit einer Gesamtfläche von mehr 5.000 Quadratmetern bieten die Øksnehallen viel Platz für Kunstausstellungen und andere Veranstaltungen.

Das Vesterbro-Viertel ist häufig Schauplatz außergewöhnlicher Darbietungen. Häufig stellen zeitgenössische Künstler ihre neuesten Werke in einer Location in diesem trendigen Viertel vor. Flohmärkte, Buchmessen und andere Ausstellungen bereichern das kulturelle Leben, das sich vor allem im Bereich um die einst berüchtigte Istedgade-Straße und die gepflegte Værnedamsvej-Allee abspielt. Orientiere dich bei deinem Spaziergang an einer aktuellen Straßenkarte von Kopenhagen. Einen aktualisierten Kopenhagen-Stadtplan kannst du im Internet herunterladen, zum Beispiel im Google-Play-Store.

Vesterbro ist für kleine, aber feine Designerboutiquen, für Kunsthandwerk und edle Möbel bekannt. Eine große Auswahl an Geschäften und Boutiquen findest du an der Istedgade, Værnedamsvej und der Vesterbrogade.

Obwohl das Stadtviertel unmittelbar in der Innenstadt liegt, gibt es in Vesterbro ruhige Plätze und grüne Oasen. Eine etwas skurrile Sehenswürdigkeit ist der Friedhof Vestre. Dort befinden sich die Grabstätten zahlreicher berühmter dänischer Persönlichkeiten. Der Vestre Kirkegård (deutsch: Westfriedhof) liegt am westlichen Rand von Vesterbro und beherbergt auf einer Fläche von etwa 60 ha auch deutsche Kriegsgräber von Soldaten, die während des Zweiten Weltkriegs bei Einsätzen in Kopenhagen ums Leben kamen. In den Sommermonaten werden kostenlosen Führungen über das Friedhofsgelände angeboten.

Als wunderschöner Rückzugsort im Grünen bietet sich die Gartenakademie (Akademiets Have) an. Die riesige Parkanlage wird gern von den Kopenhagenern besucht, die auf dem gepflegten Rasen ihre Mittagspause beim Picknick verbringen. Der für die Öffentlichkeit zugängliche Garten gehört zum Hauptgebäude der Carlsberg Academy, in dem der Braumeister JC Jacobsen mit seiner Frau Laura und seinem Sohn Carl ab 1853 lebte.
Öffnungszeiten Garten: rund um die Uhr

Pasteursvej 24, 1778 Kopenhagen
https://bornibyen.dk/places/5774-akademiets-have (nur in dänischer Sprache)

Unser Tipp: Starte deinen Tag in Vesterbro mit einem leckeren dänischen Frühstück. Im „Kaffestuen Vesterbro“ an der Vesterbrogade 108 oder bei „Bang & Jensen“ an der Istedgade 130 bekommst du köstliches Frühstück – auch perfekt zum Mitnehmen, wenn du es eilig hast. Nachdem du gestärkt bist, schlendere hinüber zur „Skydebanehaven“, einer versteckten Parkoase, die einst ein Schießstand war. Hier kannst du inmitten von Grün entspannen oder die lokalen Künstler bei der Arbeit beobachten, die oft ihre Skulpturen und Installationen ausstellen. zu erleben!

TERBR

#32 Durch die dänische Hauptstadt radeln: Entdecke Kopenhagen bei einer Fahrradtour

Kopenhagen ist eine der fahrradfreundlichsten Metropolen in Europa. Da es im gesamten Stadtgebiet kaum nennenswerte Höhenunterschiede gibt, eignet sich die Gegend perfekt für kurze und längere Fahrradausflüge. Als Fortbewegungsmittel ist das Fahrrad in Kopenhagen so beliebt, dass mittlerweile zahlreiche Fahrrad-Trails geschaffen wurden. In naher Zukunft sind weitere Routen in und um die dänische Hauptstadt geplant.

Eine Fahrradtour ist die ideale Option, um die nordische Metropole individuell und unabhängig zu erforschen. Beim Radeln entdeckst du Dinge, die dir beim Vorbeifahren mit dem Auto oder im Bus nicht auffallen. Dänen radeln sogar an kühlen Wintertagen und für Besucherinnen und Besucher gibt es in jedem Stadtviertel verschiedene Fahrradverleihe. Beim Googeln im Internet erscheint eine lange Liste von Anbietern, die Leihfahrräder und Mountainbikes auf Tages- und Wochenbasis vermieten. Achte darauf, dass sich das Fahrrad in gutem Zustand befindet. Pedalen, Bremsen und Beleuchtung sollten einwandfrei funktionieren.

Startpunkt der „grünen" Fahrradstrecke ist die Ecke Roskildevej/Dalgas Boulevard in Frederiksberg. Von dort verläuft die Route an der Copenhagen Business School und der Falkoner Allé vorbei bis zur Rolighedsvej und von dort über die markante Åbuen-Brücke in Richtung des Kopenhagener Stadtgebiets. Nach einigen Kilometern ist der Stadtteil Nørrebro erreicht. Weiter geht es entlang des Nørrebroparken, am malerischen Superkilen-Park vorbei bis zur Metro-Station Ryparken, wo dieser Fahrradweg endet.

Der Superkilen-Park ist wie geschaffen für eine Fahrradpause. Der riesige öffentliche Park besteht aus drei Teilen und ist eine perfekte Mischung aus grüner Landschaft, Kunst und Architektur. Die drei Hauptbereiche sind der Rote Platz, der Grüne Park sowie der Schwarze Markt. Im roten Bereich haben sich Cafés angesiedelt, während sich am Schwarzen Markt malerische Springbrunnen befinden und Parkbänke zum Entspannen einladen. Der Green Park wird gern für Picknicks, Joggingrunden sowie für Spaziergänge mit dem Hund genutzt. Das Besondere am Superkilen-Park ist die Vielfältigkeit, die es in keiner anderen Parkanlage Kopenhagens gibt. So stammen die Springbrunnen aus Marokko, Parkbänke aus Brasilien und die Krakenrutsche aus Japan. Die künstlerische Gestaltung ist eine Hommage an die Herkunftsländer der Einwanderer, die im multikulturellen Nørrebro-Viertel leben. Wegen der einzigartigen Architektur ist der Superkilen-Park eine der beliebtesten Locations für Instagram-Posts.

Das Fahrrad ist in Kopenhagen das beliebteste Fortbewegungsmittel. Fahrradwege und Radstrecken sind ausgeschildert. Dänemarks Hauptstadt wird von einem dichten Radwegenetz durchzogen, sodass das Fahren in Fußgängerzonen oder auf Bürgersteigen nicht notwendig ist. Das Smartphone solltest du bei deiner Radtour nicht in der Hand halten. Aktive Handynutzung während der Fahrt ist nämlich beim Radfahren nicht erlaubt.

#33 Besuche den Gråbrødretorv: Entdecke den schönsten historischen Platz im Herzen von Kopenhagen

Der Gråbrødretorv ist ein malerischer Platz im Zentrum von Kopenhagen. Denoch wird der mit Bäumen bestandene und von Fachwerkhäusern umrahmte Stadtplatz oft übersehen.

Ein wenig abseits der geschäftigen Einkaufsstraßen ist der Gråbrødretorv eine Oase der Ruhe. In den Sommermonaten wird dieser romantische Ort zum beliebten Treffpunkt, um auf der Terrasse einer der Cafés eine Tasse Kaffee zu genießen oder in einem Restaurant mit Außenbewirtung zu essen.

Übersetzt bedeutet Gråbrødretorv etwa „Platz der Grauen Brüder". Die Bezeichnung erhielt der Platz vom Franziskanerkloster, das im Jahr 1238 an dieser Stelle stand. Bis zur Auflösung 1530 bestand das Kloster aus einer Kirche und einem Refektorium. Im 18. Jahrhundert wurden Herrenhäuser rund um den Platz errichtet, die jedoch beim Kopenhagener Brand von 1728 den Flammen zum Opfer fielen.

Kleine kultige Plätze entdeckst du überall in Kopenhagen, wenn du einen Spaziergang durch die Stadt unternimmst. Von der berühmten Einkaufsmeile Strøget sind es nur wenige Schritte bis zum Gråbrødretorv. Der Weg führt durch die Niels-Hemmingsens-Gade direkt zu diesem beschaulichen Ort. Bereits von Weitem ist die 1902 gepflanzte Platane, die heutzutage den Mittelpunkt des autofreien Platzes bildet, zu sehen. Die bunten Kaufmannshäuser rund um den Gråbrødretorv stammen aus der Epoche nach dem großen Stadtbrand 1728.

Der kleine, ruhige Platz mit dem Brunnen in der Mitte eignet sich perfekt für eine Pause unter schattigen Bäumen vor oder nach einer Besichtigung oder Shoppingtour durch die Kopenhagener Innenstadt.

#34 Erkunde Katellet

Dänemarks Hauptstadt bietet vielfältige Möglichkeiten für inspirierende Spaziergänge.

Entdecke die schönsten Orte und Sehenswürdigkeiten zu Fuß! Unternimm einen Streifzug entlang der historischen Stadtbefestigung. Das 1667 errichtete (deutsch: Kastell) diente bis 1870 als Zitadelle und Rückzugsort der dort stationierten dänischen Truppen. Die sternförmig angelegte Festung ist Teil der Kopenhagener Stadtbefestigung. Im Laufe der Jahrhunderte hielt das gewaltige Bauwerk vielen Herausforderungen, wie kriegerischen Auseinanderungen und Bränden, stand. Bis heute ist das Kastellet ohne größere Schäden fast vollständig erhalten geblieben. Vom dänischen Militär werden immer noch Teile der mit Wassergräben und Schanzen verstärkten Anlage genutzt. Die Festung dient der National Home Guard, dem Judge Advocate Corps und dem Defense Intelligence Service als Basis für militärische Aktivitäten. Außerdem ist im Kastellet die Royal Garrison Library, eine Bibliothek mit Büchern über Militär-Themen, untergebracht. Im Jahr 2020 hat die Stadtverwaltung im Erdgeschoss der Kommandantur ein Informationszentrum eingerichtet. Dort findest du Interessantes und Wissenswertes über die internationalen Beziehungen Dänemarks nach 1948. Das Besondere am Kopenhagener Kastell ist die bereits erwähnte fünfzackige Sternform, die typisch für die Militärarchitektur der Renaissance ist. Diese Struktur bot den Verteidigern der dänischen Hauptstadt eine ausgezeichnete Sichtlinie. Als bedeutende militärische Anlage spielte das Kastellet in der Verteidigung Dänemarks eine wichtige Rolle. Im 19. Jahrhundert wurde die Festungsanlage als Kaserne genutzt, in der Truppenteile der dänischen Armee untergebracht waren. Eine Windmühle, die in den 1840-er Jahren auf dem Gelände errichtet wurde, ist das bekannteste Wahrzeichen des Kastells. In der Mühle wurde das Getreide für das Brot für die im Kastell stationierten Soldaten gemahlen. Zu religiösen Zwecken entstand im 17. Jahrhundert die Zitadellenkirche. Die im Barockstil errichtete Kastelskirken befindet sich innerhalb der Festungsmauern. Regel-

Kopenhagens ehemalige Stadtbefestigung

mäßig finden Gottesdienste in der Festungskirche statt. Die Kirchengemeinde bietet Besichtigungen und zahlreiche weitere Aktivitäten an.

Kastellet 50, 2100 Kopenhagen https://www.kastelskirken.dk/ (nur in dänischer Sprache)

Beim Spaziergang entlang der weitläufigen Festungsanlage entdeckst du fünf Bastionen, die das Kastellet umgeben. Die einzelnen Schutzwälle unterscheiden sich in ihrer Form voneinander. Allen gemeinsam ist die einmalige Aussicht über Kopenhagen, den Hafen und die Umgebung der Hauptstadt von der Spitze der Bastionen. Im Kastell gibt es außerdem einen großen Park. Die schöne Parkanlage, die zahlreiche historische Denkmäler und Statuen beherbergt, ist ein beliebter Platz für gemütliche Picknicks. Der Grüngürtel rund um die Festung bildet einen wunderschönen Kontrast zu den roten Baracken auf dem Militärgelände.

Unser Tipp: Im Park picknicken ist eine typisch dänische Tradition. Nimm Getränke und Snacks mit oder hole dir unterwegs ein Sandwich in einer Bäckerei und genieße deine Mahlzeit in einer der malerischen Kopenhagener Parkanlagen.

Das sternförmige Festungswerk im Herzen Kopenhagens, umgeben von malerischen Gräben und üppigem Grün, ist ein beeindruckendes Beispiel militärischer Architektur des 17. Jahrhunderts.

#35 Erkunde die Halbinsel Refshaleøen

Refshaleøen ist eine Halbinsel im Hafengebiet von Kopenhagen. Der Name bezieht sich auf die längliche Untiefe Rævshale (deutsch „Fuchsschwanz“).

Früher war diese Gegend Standort einer großen Werft. Ab 1868, als die Schifffahrt an Bedeutung verlor, begann die Stadtverwaltung damit, das verfügbare Areal für andere Zwecke zu verplanen. Künstlich aufgeschüttet, wurde die Refshaleøen-Halbinsel mehrfach erweitert. Heutzutage bildet sie die Nordspitze der Insel Amager.

Von Refshaleøen bietet sich ein wunderschöner Blick auf den Kopenhagener Hafen, in dem majestätische Kreuzfahrtschiffe, private Yachten und Ausflugsdampfer ankern. Seit der Modernisierung und Vergrößerung des Hafenbereichs haben sich eine Vielzahl an Unternehmen, Handelsfirmen, sportliche und kulturelle Einrichtungen in Refshaleøen angesiedelt. In viele der umgebauten Container und Trockendocks zogen trendige Cafés, Bars und Restaurants ein. Ringsum den Hafenplatz entstanden moderne Bürogebäude. Bei den Kopenhagenern ist Refshaleøen für gutes Essen, Festivals und andere Events bekannt. Besonderer Anziehungspunkt ist der große Street-Food-Bereich, der dem Refshaleøen-Viertel den Ruf einer „Fressmeile“ einbrachte.

Zur Refshaleøen-Halbinsel gelangst du von der Kopenhagener Innenstadt ganz bequem mit dem Fahrrad. In regelmäßigen Abständen verkehren zudem Linienbusse zwischen dem Stadtzentrum und dem Hafenbereich. Ein Spaziergang durch das Refshaleøen-Viertel ist die beste Gelegenheit, den größten dänischen Seehafen zu entdecken.

Unser Tipp: Abends ist es in Refshaleøen am schönsten. Bei einem coolen Drink in einer Bar beobachtest du die Schiffe und den farbenprächtigen Sonnenuntergang. Über die regelmäßig in Refshaleøen stattfindenden Festivals und Veranstaltungen informiert die Website refshaleoen.dk.

Genieße einen Tag auf Refshaleøen, der trendigen Halbinsel im Hafen von Kopenhagen, und entdecke eine faszinierende Mischung aus Industriekultur, kreativen Räumen, erstklassigen Restaurants und einzigartigen Veranstaltungsorten.

Carlsberg Byen (Carlsberg-Quartier) ist ein angesagtes Stadtviertel im Stadtteil Valby. Das Viertel verdankt seinen Namen der Carlsberg-Brauerei, deren Firmensitz sich in diesem Kopenhagen Bezirk befindet. Der drittgrößte Brauereikonzern der Welt wurde einst vom dänischen Industriellen J. C. Jakobsen gegründet.

#36 tadtviertel Carlsberg: Verkoste dänisches Bier im Kopenhagener Stadtviertel Carlsberg

Der erfolgreiche Unternehmer übernahm 1835 zunächst die Brauerei seines Vaters, die er zu einem Großunternehmen machte.

Im Unterschied zu anderen Brauereien nutzte Jakobsen wissenschaftliche Erkenntnisse, um die hohe Qualität der Carlsberg-Biermarke sicherzustellen. Durch die zunehmende Nachfrage nach erfrischenden Carlsberg-Bieren konnte die Bierproduktion kontinuierlich gesteigert werden. Biere der Marke Carlsberg sind heute noch die beliebtesten Biersorten in Dänemark. Seit 2008 findet ein Großteil der Produktion allerdings an anderen Standorten in diesem Land statt, während in der Jacobsen-Hausbrauerei in Kopenhagen hauptsächlich Bierspezialitäten produziert werden.

Das ehemalige Brauereigelände soll in den kommenden Jahren in ein modernes Wohnquartier umgestaltet werden. Auf der 30 ha großen Fläche stehen derzeit einige denkmalgeschützte Gebäudekomplexe. Dies sind die Privatresidenzen der Brauereibesitzer sowie ein historischer Garten und Gartenpavillons. Bei einem Rundgang durch das Carlsberg-Viertel erlebst du die Geschichte der weltberühmten Bier-Dynastie live. Zu sehen sind die Elefanten-Brücke und der Leuchtturm von Carlsberg, das Carlsberger Museum, das Carl-Jacobsen-Haus, die Carlsberg Akademie und die alte Carlsberg-Brauerei.

Schon von Weitem leuchtet der historische Leuchtturm von Carlsberg. Der Turm wurde 1883 auf einem Granit-Fundament errichtet. Das Besondere ist die gläserne Laterne an der Spitze. Der Carlsberg-Leuchtturm war nämlich der erste aller Kopenhagen-Leuchttürme, der im 20. Jahrhundert auf elektrisches Licht umgestellt wurde. Das berühmteste Wahrzeichen des Carlsberg-Viertels ist der Elephant-Turm (dänisch: Elefanttårnet). Die Bezeichnung „Elefant" bezieht sich auf die vier Granitelefanten, die das Tor zum Turm flankieren. Auch auf der Rückseite des Elephant-Turms sind Elefanten-Skulpturen zu sehen, die dem Bauwerk ein exotisches Flair verleihen. Seinen ursprünglichen Zweck Wasserturm und Hopfen-Silo erfüllt der Elephant-Turm nicht mehr, stattdessen ist er nun ein beliebtes Fotomotiv und malerische Kulisse für Instagram-Storys.

Eine weitere historische Sehenswürdigkeit ist das Dipylon oder Doppel-Tor (dänisch: Diptylon or Dobbeltporten), das 1892 erbaut wurde. Das doppelbogige Eingangstor markiert den Eingang des Vesterbro-Gebäudes der Carlsberg-Brauerei. In diesem Bauwerk war früher die Malzkammer untergebracht. An der Fassade befindet sich ein längliches Fries. Dieses architektonische Stilelement stellt die Brauerei-Familie Jacobsen sowie einige ihrer wichtigsten Mitarbeiter dar. Auch das 1901 errichtete Brauhaus weist prächtige Skulpturen und italienisch inspirierte dekorative Elemente auf.

Die Privatresidenz von Carl Jacobsen, das Carl-Jacobsen-Haus, ist ein prächtige, aus rotem Gestein auf einem Granitfundament erbaute Villa. Das Eingangsportal wird von großen Granitsäulen flankiert. Wunderschöne Ornamentiken sind im Außenbereich ebenso wie im Inneren des Gebäudes zu sehen. Im offiziellen Carlsberg-Museum war früher die Ny Carlsberg Glyptotek untergebracht. Nach deren Umzug wurde das leerstehende Gebäude 1915 in ein Brauereimuseum umgewandelt.

Die alte Carlsberg-Brauerei ist für die Öffentlichkeit zugänglich. Darin ausgestellt sind Objekte, die früher beim Bierbrauen zum Einsatz kamen. In mehreren Galerien wird die Geschichte des Biers in der dänischen Hauptstadt anschaulich dargestellt. Regelmäßig finden Verkostungen von Carlsberg-Bieren in historischem Ambiente statt. Während dieser Veranstaltung erklären Experten den Brauvorgang und geben interessante Details über die Herstellung weltberühmter Biersorten preis. Gamle Carlsberg Vej 11, 1799 Kopenhagen
https://homeofcarlsberg.com/
plan-your-visit

#37 Steige hinab in die mysteriöse Unterwelt

Die Hauptstadt des modernen Dänemark besitzt eine weitere, gruselige Seite. Mit der mysteriösen Unterwelt ist jedoch kein Rotlichtviertel, sondern tatsächlich eine andere Welt, die sich unterhalb des mondänen Kopenhagen verbirgt, gemeint. Schaurig-schöne Atmosphäre umgibt die Geheimnisse, die es bei einer Tour zu den gruseligsten Orten der Stadt zu entschlüsseln gilt.

Um Kopenhagen abseits vom Normalen zu entdecken, hast du mehrere Möglichkeiten. Die erste Option ist eine Dämmerungstour, die von einem ortskundigen Guide begleitet wird und in Kopenhagens Twilight Zone führt. Im Programm des Veranstalters wird erwähnt, dass der abendliche Ausflug zum am meisten heimgesuchten Haus der Stadt führt. Bei dieser Tour werden übernatürliche Phänomene und unerklärliche Ereignisse erforscht. Der mysteriöse Stadtspaziergang führt außerdem zu Dänemarks geheimnisvollstem Turm und ermöglicht einen Einblick in die schwarze Magie. Die „Copenhagen Weirdwalks" erfreuen sich großer Beliebtheit, auch deshalb, weil eine völlig andere Perspektive der dänischen Hauptstadt gezeigt wird.
Nytorv 1, 1450 Kopenhagen
www.weirdwalks.dk

Eine weitere Gelegenheit, in die Unterwelt von Kopenhagen hinabzusteigen, besteht im Stadtteil Frederiksberg. In diesem Vorort gibt es zahlreiche unterirdische Wasserzisternen. Die Frederiksberger Zisternen wurden in den Jahren zwischen 1856 und 1859 erbaut. Sie dienten lange Zeit als städtische Wasserreservoire. Heutzutage nutzt man die Zisternen (dänisch: Cisterne) hauptsächlich als Ausstellungsfläche für innovative Kunstinstallationen. Das besondere Highlight ist das unterirdische Zisternenmuseum, das sich unterhalb der historischen Trinkwasserzisternen befindet. Bevor man es nicht selbst gesehen hat, ist es kaum vorstellbar, dass an diesem Ort früher mehrere Millionen Liter Trinkwasser lagerten. Im Museum finden regelmäßig wechselnde Ausstellungen statt.

Durch die spezielle Konstruktion der Zisternen sickert kontinuierlich Wasser durch die Betonkonstruktion hindurch, sodass im Laufe der Zeit ein schwarz schimmerndes unterirdisches Meer entstanden ist. Der Anblick ist phänomenal. Wegen der Wassermassen ist der Besuch einer Ausstellung aber nur mit dem Boot möglich. Die unterirdischen Kammern waren viele Jahrzehnte lang vollkommen in Vergessenheit geraten. Erst seit einigen Jahren werden in der düsteren, nass-kalten Kulisse die Werke dänischer und internationaler Künstler präsentiert. Die Praxis, historische Trinkwasserspeicher als Ort für Ausstellungen zu nutzen, gilt weltweit als einzigartig. Beim Besuch in den alten Zisternen ist die Natur allgegenwärtig. Du erlebst, wie das Wasser von der Gewölbedecke tropft und durch den Beton sickert. Hell beleuchtete Ausstellungsflächen bilden einen außergewöhnlichen Kontrast zum dunklen Beton, aus dem die Zisternen bestehen. Unser Tipp: Nimm eine wärmende Jacke oder einen Pullover mit. In den Zisternen ist es sogar im Hochsommer kühl.

Dienstag bis Sonntag täglich von 11.00 bis 18.00 Uhr; Wegen niedriger Temperaturen ist das unterirdische Museum zwischen Dezember und März geschlossen

Søndermarken gegenüber dem Zoo, 2000 Frederiksberg

https://frederiksbergmuseerne.dk/da/cisternerne/

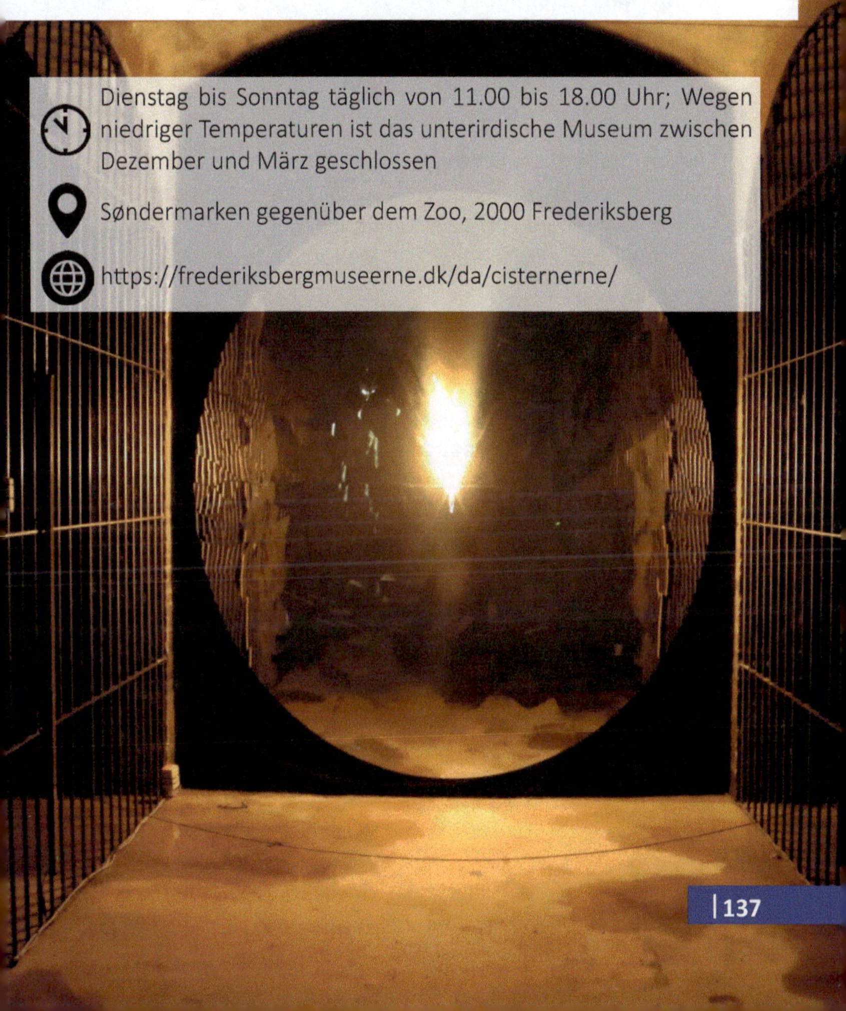

#38 Entdecke Copenhill: Kopenhagens erstes Skigebiet

Skifahren ist eine der beliebtesten Wintersportarten in den Ländern Skandinaviens. Da Dänemark nicht über nennenswerte Berge verfügt, hat man im Herbst 2019 eine künstliche Skipiste geschaffen. Der Copenhill ist seitdem Kopenhagens erstes Skigebiet. Die Fläche zum Skifahren, Snowboarden und Schlittenfahren befindet sich außerhalb der Innenstadt in der Nähe des neuen Abfallwirtschaftszentrums.

Ursprünglich sollte der Copenhill die modernste Müllverbrennungsanlage Europas werden. Von einem renommierten Architekturbüro entwickelt, wird seit 2019 der städtische Abfall dorthin transportiert und in Energie umgewandelt. Die Energie-Ausbeute reicht aus, um 140.000 Haushalte zu versorgen. Quasi auf dem Dach dieser neuen Müllverbrennungsanlage entstand mit dem Copenhill ein ungewöhnlicher Skiplatz. Vom 85 Meter hohen Hügel hast du eine tolle Aussicht über Kopenhagen, während du die Abfahrt hinuntersaust. In Kopenhagen verzichtet man bewusst auf Kunstschnee und hat sich für Skimatten aus speziellen Fasern entschieden, um Wintersportlern ein ausgezeichnetes Ski-Erlebnis zu bieten. Der wohl einzige Après-Ski-Treffpunkt Dänemarks befindet sich am Fuße des Ski-Hügels. In der Ski-Bar werden sogar Weißbier und andere typisch alpenländische Getränke serviert. Abends wird zur Volksmusik getanzt. Das begrünte Dach des Copenhills soll in der skifreien Zeit die Artenvielfalt im Gewerbegebiet erhöhen. Die sorgfältig angelegte Begrünung bietet Bienen, Schmetterlingen und anderen Insekten einen natürlichen Lebensraum.

Der Copenhill ist ein beliebtes Ausflugsziel. Auf dem Hügel befindet sich zudem die höchste Kletterwand der Welt. Der 85 Meter hohe Kletterbereich bildet die Rückseite des Skigebiets und ist wie geschaffen für leichtes und ansprüchsvolles Klettertraining.

Die Skipiste auf dem Dach wirkt schon von Weitem sehr beeindruckend. Sie ist das Resultat innovativer architektonischer Planung. In Kopenhagen will man damit ein Zeichen für einen nachhaltigen Umgang mit städtischen Ressourcen setzen. Die Stadtverwaltung hat es sich zum Ziel gesetzt, Kopenhagen zur ersten CO2-neutralen Hauptstadt der Welt zu machen.

Vindmøllevej 6, 2300 Kopenhagen, Website: https://www.copenhill.dk/en/

Unser Tipp
Bringe deine eigene Skiausrüstung mit oder leihe dir Skier und Snowboard vor Ort. Als Alternative zum Skifahren bietet sich eine Wanderung über den Copenhill

#39 Mache eine Kanalrundfahrt und erlebe Dänemarks Hauptstadt vom Wasser aus

Die malerischen Wasserstraßen sind typisch für Kopenhagen und tragen zum nordischen Charme der Metropole bei.

Kanäle spielen in der Geschichte Dänemarks eine große Rolle.

Künstliche Wasserrouten wurden zur Verteidigung sowie zur Optimierung bereits bestehender Schifffahrtsstraßen angelegt. Die Dänen sind eine kleine Nation, die allerdings eine beträchtlich hohe Handelsbilanz im Seehandel vorweisen kann. Das Stadtgebiet sowie das Umland von Kopenhagen sind von zahlreichen Kanälen durchzogen. Ein Schiffsausflug ist eine wunderschöne Möglichkeit, die Hauptstadt Dänemarks vom Wasser aus kennenzulernen. Während du dich an Deck sonnst, zieht die grüne Landschaft an dir vorüber und du entdeckst die schönsten Sehenswürdigkeiten Kopenhagens aus einer anderen Perspektive.

Die von zartblauem Wasser durchflossenen Kanäle bilden einen einzigartigen Kontrast zum üppigen Grün der Parkanlagen und zu den bunten Backsteinhäusern des Hafenviertels. Vom neuen Hafen werden täglich Bootsfahrten durch die Kanäle angeboten. Die Schiffsausflugsprogramme unterscheiden sich je nach Anbieter voneinander. Wir empfehlen dir, mehrere Optionen zu vergleichen. Eine kleine Hafenrundfahrt dauert etwa 45 Minuten bis 1 Stunde. Bei längeren Schiffsfahrten siehst du auch die schöne Umgebung der Hauptstadt. Abendliche Bootstouren und Dinner-Kreuzfahrten sind sehr romantisch und du erlebst dabei die eindrucksvoll beleuchtete Innenstadt.

Die Bedeutung der Kanäle für die Handelsstadt Kopenhagen wurde erstmals durch Christian IV. erkannt. Als König von Dänemark und Norwegen war der Herrscher für wirtschaftliche und politische Entscheidungen verantwortlich. Das Vorbild dänischer Wasserstraßen waren damals die Grachten von Amsterdam. Ähnlich wie die niederländische Metropole sollte auch Dänemarks Hauptstadt ihre Kanäle erhalten. Mit dem Anlegen zusätzlicher Wasserrouten sollten die Handelsmöglichkeiten mit den skandinavischen Nachbarländern erweitert und gleichzeitig die Flotte der Königlich Dänischen Marine vor Angriffen geschützt werden.
Im Laufe der Jahrhunderte entstand ein dichtes Netz an kleinen und größeren Kanälen.

Heutzutage ist eine Bootstour die perfekte Möglichkeit, die verschiedenen Stadtteile und die Kopenhagen vorgelagerten Inseln zu erkunden. Die Kanalausflüge folgen einer bestimmten Route, damit gewährleistet ist, dass die Gäste die wichtigsten Sehenswürdigkeiten Kopenhagens zu sehen bekommen.

In der Umgebung der Hauptstadt ist die Insel Amager das beliebteste Ziel für einen abwechslungsreichen Schiffsausflug. König Christian IV., der Dänemark und Norwegen von 1588 bis 1648 regierte, ließ auf der Insel die Stadt Christianshavn gründen. Auf Anweisung des Herrschers entstanden danach die Christianshavn-Kanäle, ein weitverzweigtes Kanallabyrinth. Die 96,29 km² große Insel Amager ist besonders bei Naturliebhabern und sportbegeisterten Menschen sehr beliebt. Am Amager Strandpark im Inselosten gibt es einige ruhige Lagunen zum Schwimmen und Sonnenbaden.

Kleine Boote können auch an idyllischen Plätzen ankern, was für größere Ausflugsschiffe nicht möglich ist. Bei den Kopenhagenern erfreuen sich elektrische Picknickboote, die zum Selbstfahren im Hafenbereich angeboten werden, großer Beliebtheit. Das Besondere ist der fest installierte Picknicktisch, der sich in der Mitte des Bootes befindet. Picknickboote bieten ca. 8 Personen Platz und eignen sich für kleine Ausflüge in die romantischen Buchten der Kopenhagener Inselwelt. Zum Steuern eines Kleinboots wird kein Segelschein benötigt.

Bootsfahrten und Segeltouren werden vor Ort von verschiedenen Dienstleistern angeboten. Einen Überblick über Bootstouren in Kopenhagen findest du zum Beispiel bei
www.viator.com/de-DE/Copenhagen-tours/Cruises-Sailing-and-Water-Tours/ und bei https://www.getyourguide.de/kopenhagen-l12/bootsfahrten-tc48/

Magischer Sonnenuntergang am Nyhavn-Kanal: Ein malerisches Farbenspiel

#40 Erkunde Dragør: Lerne das gemütliche Fischerdorf am Südrand von Kopenhagen kenne

Der Südrand der dänischen Metropole ist ländlich geprägt. Früher lebte die Region um das gemütliche Dorf Dragør vom Fischfang und der Landwirtschaft. Die idyllische Kleinstadt liegt an der Südspitze der Amager-Insel und ist nur 12 Kilometer vom Stadtzentrum Kopenhagens entfernt. Die ersten Einwohner des 1521 gegründeten Ortes stammten aus Holland. Sie ließen sich auf Einladung des dänischen Königs dort nieder, um das Gemüse für den königlichen Haushalt anzubauen. Nachdem sie sesshaft wurden, gründeten sie Dragör sowie das Nachbardorf Store Magleby.

Ein Ausflug nach Dragør ist ein perfekter Ausgleich nach einer Besichtigungstour in Kopenhagen. Der kleine Ort südlich der Öresundbrücke punktet mit gemütlichem Flair. Die gut erhaltenen Dorfhäuser stammen aus dem 18. und 19. Jahrhundert. Enge Gassen und Kopfsteinpflasterstraßen führen zwischen gelb gestrichenen Häusern mit roten Dächern hindurch zum kleinen Marktplatz. Dragør hat rund 12.000 Einwohner, ein historisches Strandhotel, eine Badeanstalt, eine Festung sowie einige Kirchen. Der Name Dragør ist auf die dänische Bezeichnung „drage" für „ziehen" zurückzuführen. Die Silbe „ør" bedeutet Ufer. Dragør ist somit ein Dorf an der Küste, an dem Schiffe an Land gezogen werden. Die steigende Beliebtheit dieses typisch dänischen Ortes hat dazu beigetragen, dass die Immobilienpreise für Häuser und Grundstücke in Dragør mittlerweile zu den höchsten in ganz Dänemark zählen.

Im Mittelalter bildete die Heringsfischerei die Existenzgrundlage des Fischerdorfs. In Dänemark war (und ist) es üblich, Heringe mit Salz zu konservieren. Überlieferungen zufolge versammelten sich an den Markttagen Tausende Fischer und Kaufleute am Hafen von Dragør, um den Fischfang zu ersteigern. Heutzutage ist der Fischereihafen das Ziel vieler Ausflugsschiffe. Von der Hafenmole gelangst du zu Fuß in die kleine Innenstadt. Bei Dänen ist Dragør vor allem wegen seiner begrünten Plätze und Parks bekannt. Größter Stadtplatz ist der Badstuevælen, der früher ein Abbauplatz für Lehm war. Der natürliche Baustoff wurde damals als Baumaterial für die Häuser in Dragør genutzt. Beliebte Grünanlagen sind der Lunden und der Anlægget-Park. Im umweltfreundlichen Dragør dürfen Bäume nur unter bestimmten Bedingungen gefällt werden, sodass der Baumbestand höher ist als anderswo, weshalb der Ort als grüne Lunge Kopenhagens gilt.

Auch kulturell hat das Fischerdorf einiges zu bieten. Es gibt mehrere kleine Museen. Eines ist im Hafen-

gebäude untergebracht und die beiden anderen in zwei alten Bauernhöfen. Die sorgsam gesammelten Ausstellungsstücke ermöglichen einen Einblick in die Lebensweise und Traditionen eines typisch dänischen Fischerortes. In den Sommermonaten werden am Marktplatz oft kleine Feste und Märkte veranstaltet. Bei dieser Gelegenheit tragen Einheimische gern ihre Trachten. Die Termine der Veranstaltungen werden online auf der Website www.dragoerlive.dk bekannt gegeben. In Dragør gibt es eine einzige Hauptstraße, die gleichzeitig auch die Haupt-Einkaufsstraße ist. Dort findest du Souvenirläden, kleine Geschäfte, Kunstgalerien und Werkstätten für Kunsthandwerk. Nach einem Stadtbummel bieten sich die hyggeligen (gemütlichen) Cafés, Kneipen und Restaurants im Hafen für eine kulinarische Verschnaufpause an.

Mit dem Fahrrad erreichst du Dragør nach einer zweistündigen Radtour. Der Radweg führt durch die Amager Fælled (Wiese) und den Kongelund-Wald und weiter entlang der Öresundsküste. Vom Kopenhagener Stadtzentrum verkehrt regelmäßig die Buslinie 350S, die direkt im Fischerort hält. Mit dem internationalen Flughafen ist Dragør durch die Buslinie 35 verbunden.

Eintauchen in das faszinierende Treiben der Stadt

#41 Ausgehen, Tanzen, Feiern Erlebe das vielfältige Nachtleben in Kopenhagen

Kopenhagen ist eine Stadt voller Dynamik. Nach Sonnenuntergang verwandelt sich die Hauptstadt Dänemarks in eine quirlige Metropole, in der Spaß und Unterhaltung großgeschrieben werden.

Das Nachtleben ist äußerst vielfältig und abwechslungsreich. Es gibt alles, von der kleinen Bar an der Ecke bis zur Mega-Diskothek. Gepflegte Wein-Bars servieren edle Tropfen, während es beim Karaoke-Wettbewerb in der Kneipe hoch hergeht. Beschließe deine Städtereise nach Kopenhagen mit einem schönen Abend in der Hauptstadt.

Interessierst du dich für kulturelle Angebote? Kopenhagen bietet mit der Königlichen Oper und dem Königlichen Theater Unterhaltung auf hohem Niveau. Der Event-Kalender der dänischen Metropole ist prall gefüllt mit Veranstaltungen.

Angesagtester Stadtteil zum Ausgehen ist Vesterbro. Das ehemalige Rotlichtviertel rühmt sich heute noch seines besonderen Status. Zwischen Sexshops und Modeboutiquen haben sich Musik-Kneipen, exotische Bars und Clubs angesiedelt. Kopenhagens Party-Szene trifft sich in Kødbyen. Das ehemalige Schlachthof-Gelände hat sich zum Schmelztiegel der Kulturen gemausert. In Kødbyen werden tagsüber Kunst-Ausstellungen in den zahlreichen Galerien besucht und ab Mitternacht in den Clubs getanzt.

Nørrebro ist der Stadtteil, der niemals schläft. In den engen Gassen des bevölkerungsreichsten Viertels von Kopenhagen tauchst du in die Welt des Orients ein. Arabisches Streetfood, afrikanische Musik und klassische französische Küche verbinden sich zu einem einzigartigen Ambiente. In Nørrebro findest du eine Vielzahl an Bier-, Cocktail- und Weinbars für einen romantischen Abend.

Im malerischen Nyhaven-Viertel treffen sich die Nachtschwärmer, die eine idyllische Kulisse schätzen. Viele Bars und Restaurants befinden direkt am Wasser mit Blick auf die Yachten und Kreuzfahrtschiffe und im Hintergrund die farbenprächtig angestrahlten historischen Kaufmannshäuser. Genieße die Abendstimmung bei einer köstlichen Mahlzeit und einem Glas Wein.

Frisch gezapftes Carlsberg: Genieße das unverwechselbare Aroma eines dänischen Klassikers in einer authentischen Kopenhagener Bar.

Die Top-5 der Nightclubs in der dänischen Hauptstadt sind

Die **Jolene Bar** ist der berühmteste Nachtclub und bekannt für stimmungsvolle Atmosphäre. Die im Meatpacking-Distrikt gelegene Location ist in einer alten Metzgerei untergebracht. In der Jolene Bar sind die Getränke kühl und günstig und das Ambiente unvergesslich. Hier wird die Nacht durchgetanzt, während man sich kräftig amüsiert. Die Betreiber beschreiben die Jolene Bar als LGBTQ+-freundlich und haben es sich zur Aufgabe gemacht, jedem Partygänger ein sicheres Erlebnis zu bieten. *Flæsketorvet 81-85, 1711 Kopenhagen,https://www.facebook.com/JoleneBar*

Klub Werkstatt ist eine urbane Bar, die sich abends in einen angesagten Nachtclub verwandelt. In der in Refshaleøen gelegenen Musikbar finden tagsüber Kunstausstellungen, Vorträge und musikalische Events statt. Am Abend wird aus der Kunst-Werkstatt eine Diskothek mit vielfältigem Programm. DJs und Musiker, die im Klub Werkstatt auftreten, kommen aus ganz Dänemark.
Refshalevej 167A, 1432 Kopenhagen, klubwerkstatt.dk

Die **Culture Box** gilt als Kopenhagens führender Technopalast. In diesem Club sind regelmäßig DJ-Legenden wie Jeff Mills und Derrick May zu Gast. VJ-Shows werden passend zum Event oder zur Musik kreiert. Im Erdgeschoss gibt es einen weiteren Dancefloor für alle, die etwas ruhigere Töne bevorzugen. *Kronprinsessegade 54, 1306 Kopenhagen, culture-box.com*

Als Mekka dänischer und internationaler Jazzmusik hat sich das **La Fontaine** einen Namen gemacht. Der Jazz-Club befindet sich in einer Fußgängerzone im Stadtviertel Indre By in der Kopenhagener Innenstadt. Die abendlichen Jamsessions sind hervorragend und werden gern besucht, denn das La Fontaine ist der Treffpunkt der skandinavischen Jazzszene. *Kompagnistræde 11, 1208 Kopenhagen, www.lafontaine.dk*

Wenn es um Partymachen und Clubbing geht, ist das **Rust** die beste Adresse in Kopenhagen. Dieser Nachtclub existiert schon lange und ist eine Institution im Nachtleben der dänischen Hauptstadt. Seit seiner Gründung entwickelte sich das Rust vom politischen Café zur erstklassigen Party-Location. Auf den Bühnen des dreistöckigen Clubs wird Live-Musik, Electronic, Indie-Rock und Hip-Hop gespielt. Vor allem freitags und samstags ist dieser Nightclub immer gut besucht. *Guldbergsgade 8, 2200 Nørrebro www.rust.dk*

Stichwortverzeichnis

Bild- und Abbildungsverzeichnis

Kartenmaterial
S. 8/9; S.28/29; S52/53; S. 62/63; S. 90/91; S 108/109 Mussabir Hussar

Diagramm
S. 19 Rabi Cser

Fotos
Shutterstock
2-5 Sina Ettmer Photogaph; 10 The Mount Bird Studio; 11 yoshi0511; 12 Laura Ioana V; 14 Katarzyna Hurova; 16 tete_escape; 18/19 Nick N A; 21 Olena Yakobchuk; 22/23 William Perugini; 25 kitzcorner; 27 chernobrovin; 30 Atosan; 32/33 Sina Ettmer Photograph; 34/35 ecstk22; 36/37 Alexanderstock23; 39 Jan Willem van Hofwegen; 40/41 Stefano Ember; 42/43 Mova-bleType; 44/45 EyesTravelling; 46 Simone Crespiatico; 48/49 ABB Photo; 50/51 alexsf.gr; 55 Evgeny Ka-randaev; 56 kalyanby; 58 Ratatosk_art; 61 Sam Jeffs; 64 Predrag Jankovic; 67 danshepley; 68/69 Gian-franco Vivi; 71 NadyaEugene; 72/73 f11photo; 74/75 f11photo; 76/66 studiolaska; 78/79 Lerche Landau; 80/81 ANDY237; 82 Alicia G. Monedero; 84/85 Iryna Kalamurza; 86/87 Sina Ettmer Photogaph; 88/89 Roberto Rizzi; 92/93 Caroline Ruda; 96/97 Mrs_ya; 106/107 Lepneva Irina; 112/113 JoaLacerda; 116 Birger Niss; 120/121 Girts Ragelis; 122/123 Arcady; 124/125 peresanz; 126/127 trabantos; 128/129 Steffan H; 132 Marcin Kaczmarczyk; 133 Allan Kristensen; 134/135 AkhileshToranmal; 136/137 Color Chaser; 138/139 LEE-KAANG; 140 Nrgould; 142/143 JaySi; 144/145 f11photo; 146 Dennis Zhou; 148/149 Lev Levin; 151 siamionau pavel; 152/153 SibRapid

wikimedia commons
95 Andersbruun, CC BY-SA 4.0, via Wikimedia Commons
98 Jørgen Roed, Public domain, via Wikimedia Commons
101 FunkMonk (Michael BH), CC BY-SA 3.0, via Wikimedia Commons
102 Nationalmuseet – Das Nationalmuseum von Dänemark aus Dänemark, CC BY-SA 2.0, via Wikimedia Commons
104 MMLDND, CC BY-SA 4.0, via Wikimedia Commons
110 Núria aus El Masnou, Maresme, CC0, via Wikimedia Commons
114/115 Olga Itenberg, CC BY 2.0, via Wikimedia Commons
118/119 Lisa Risager aus Dänemark, CC BY-SA 2.0, via Wikimedia Commons
130/131 Jakub Hałun, CC BY-SA 4.0, via Wikimedia Commons

Icons
https://de.freepik.com/search“>Icon

Impressum

Deutschsprachige Erstausgabe Mai 2024

Imo Ldt.
Georgiou Karaiskaki 11-13
Carisa Salonica, Office 102
7560 Pervolia, Larnaca
Republic of Cyprus

kontakt@Imo-publishing.de

Covergestaltung Wolkenart- Marie-Katharina Becker,
www.wolkenart.com
Satz: Imo publishing

Lektorat und Korrektorat: Imo publishing
Herstellung und Verlag: Imo publishing

1. Auflage

Printed in Poland
by Amazon Fulfillment
Poland Sp. z o.o., Wrocław

54338259R00089